진화하는 발레 클래스

매너가 발레를 만든다

일러두기
- 일부 프랑스어 발음은 국립국어원의 외래어 표기법 규정을 따르지 않고, 실제 원어 발음에 더 가까운 국문으로 표기했다. 표기법 규정과 원어의 발음이 차이가 큰 경우, 국내에서 통용되는 발음과 표기에 가깝게 절충했다.
- 메소드별 용어의 이름이 조금씩 다른 경우는, 우리나라에서 발레 교습 시 가장 흔히 사용하고 있는 바가노바 메소드를 기준으로 했다.

진화하는 발레 클래스

매너가 발레를 만든다

정옥희 지음

FLOOR WORX

PROLOGUE

매번 새롭게 태어나는 전통

처음으로 바(barre)를 잡았던 때가 어렴풋이 생각납니다. 동네 무용 학원에 가서 상담을 받은 후 레오타드와 바디워머로 갈아입고 슈즈를 신고 바 앞에 섰습니다. 선생님은 바르게 서는 법을 가르쳐주셨습니다. "이렇게 무릎을 곧게 펴고 척추를 길게 늘이며 똑바로 서는 거야." 그다음부턴 제 앞에 선 아이를 따라 했습니다. 한 손은 바를 잡고 다른 손은 옆으로 들어 올린 채 발을 뻗고 돌리고 들었습니다. 모든 것이 낯설었지만 이내 적응했습니다. 매일 똑같은 방식으로 반복했으니까요.

어린 시절에 제가 배웠던 발레 클래스와 요즘 무용수들의 발레 클래스는 크게 다르지 않습니다. 어느 나라에서, 누가 가르치더라도 비슷한 구조와 원리로 진행되지요. 그래서 말이 통하지 않는 나라에 가더라도 클래스가 시작되면 이내 적응할 수 있답니다. 발레를 모르는 이라면 클래스가 일사분란하게 진행되는 모습이 신기할 겁니다.

발레 클래스는 레베랑스(révérence), 즉 인사로 시작해 인사로 끝납니다. 어떤 수업에서나 인사를 하겠지만 발레 클래스에서는 간결하고도 아름다운 움직임으로 인사한다는 점이 특별합니다. 레베랑스는 교실에 들어가고 나오는 문지방처럼 무용수가 자신을 돌아보고 타인에게 감사하는 작은 의식이 됩니다.

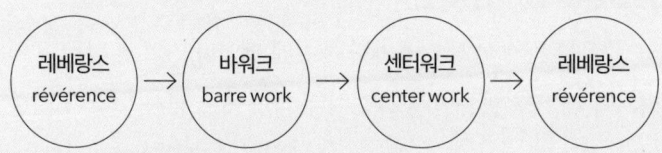

본격적인 클래스는 바워크와 센터워크로 구성됩니다. 바워크는 바를 잡은 상태로 하는 연습이고, 센터워크는 바 없이 하는 연습입니다. 바워크에선 춤을 구성하는 단순한 동작들을 쪼개 반복합니다. 관절을 부드럽게 풀어주고 한 발씩 조심스레 뻗는 동작으로 시작해 점차 높고 강한 동작으로 진행됩니다. 논리적이고도 점진적인 구성이지요. 바워크가 단단한 체계라면 센터워크는 좀 더 열려 있습니다. 바워크에서 익혔던 동작들을 간단히 되풀이하며 균형감을 찾은 후 회전 동작, 도약 동작, 이동 동작을 익힙니다. 단순한 동작들을 복잡하고 역동적으로 연결하며 무대 위 작품에 점점 더 가까운 연습을 합니다. 또한 여성들의 포인트 워크와 남성들의 도약/회전 동작 등 남녀의 특화된 기술을 단련합니다.

무용수들이 발목을 푸는 동작으로 시작해 공간을 가로지르며 날아오르는 동작으로 마무리되는 클래스에서는 감동 같은 것이 느껴집니다. 차가웠던 공기가 후끈 달아오르며 무언가를 이룬 듯하지만, 다음 날이면 또다시 처음부터 시작됩니다. 프로페셔널 무용수라 할지라도 아주 어렸을 때 익혔던 기본 동작부터 매번 성실하게 반복해야 하죠. 러시아의 발레리나 올가 프레오브라젠스카야(Olga Preobrazhenskaya, 1881~1971)는 은퇴하고서 한참 후에도 매일같이 연습하는 이유를 묻자 "클래스는 내 아침 기도예요"라고 말했다고 하지요.

무용수는 매번 클래스마다 새롭게 태어나고 그 흔적은 몸에 켜켜이 새겨져 있습니다. 그런데 동작들에도 역사가 쌓여 있습니다. 각 동작에는 춤을 가르치고 배웠던 수많은 이들의 실험과 지혜와 혁신이 담겨 있기 때문입니다. 그러고 보면 발레 클래스는 '개체 발생은 계통 발생을 반복한다'[1]는 진화의 원리를 담고 있습니다. 한 인간이 태어날 때 지구상의 생명체가 거친 모든 진화의 과정을 열 달 만에 거친다고 하지요. 발레 클래스도 그렇습니다. 매번 클래스는 한 무용수의 발전 과정을 압축하고 있거니와 발레의 진화 과정을 담고 있습니다. 무용실에 들어설 때마다 역사를 압축적으로 되새기는 경험은 무용수를 겸손하게 만듭니다.

그런데 문득 제가 발레 클래스에 대해 아는 것이 없다는 생각이 들었습니다. 저는 발레를 전공하면서 안무가와 무용수, 작품에 대해 배웠지만 정작 매일 하는 클래스에 대해선 잘 알지 못했습니다. 발레 교본들을 들춰보면 해야 할 것과 하지 말아야

---

[1] 한 존재가 배아(胚芽)부터 세상에 태어나기까지의 과정을 개체 발생(個體發生, ontogeny)이라고 하고, 한 종의 생물이 원시 상태에서 현재까지 발전해온 과정을 계통 발생(系統發生, phylogeny)이라고 합니다.

할 것들이 엄숙하게 나열되어 있습니다. 그렇다면 바워크와 센터워크는 어떻게 생겨났을까요? 누가, 언제, 어떤 원리로 이런 동작들을 만들었을까요? 왜 항상 이런 방식과 이런 순서로 발레를 연습하게 됐을까요? 선생님들은 '포인트 해라', '턴 아웃 해라'라고 지적하셨지만 그것들이 언제 생겨났고 어떻게 변해온 것인지에 대해선 가르쳐주지 않았습니다. 사실 궁금해하는 학생도 없었습니다. 무용수에게 발레 클래스란 대개 테크닉을 익히는 시간이기 때문입니다. 어려운 동작을 몸에 새기는 건조하고 납작한 루틴으로만 여기기에, 발레 클래스에 역사와 문화가 깃들어 있다고 생각하긴 힘든 것이 사실입니다.

하지만 발레 클래스는 테크닉을 연마하는 수단 이상입니다. 발레가 춤을 추는 많은 가능성 중 한 가지인 것처럼 발레 클래스 역시 춤을 배우는 다양한 접근법 중 한 가지 방식입니다. 여기엔 여러 무용수와 교사들의 성취와 믿음, 나아가 당대 사회의 관습과 세계관이 얽혀 있습니다. 무수한 이들이 만들어낸 문화적 산물이라 할 수 있습니다.

또한 발레 클래스에는 역사가 깃들어 있습니다. 지금 우리가 하는 클래스가 아무리 익숙하고 당연해 보일지라도 꾸준히 변해왔고 또 변화하고 있습니다. 더 나은 방향에 대한 지식과 성찰과 의지가 있다면 지금 여기의 발레 클래스는 매일 새롭게 태어나는 전통이 될 수 있습니다. 우리는 긴 전통에 압도되지 않고 역사를 써 내려갈 수 있겠지요.

《진화하는 발레 클래스》는 발레 클래스에 대한 시야를 확장하고자 합니다. 제1장에서 제5장에 이르기까지 전반적으로 시간의 흐름에 따라 서술했습니다. 르네상스 시대부터 현대에 이르기까지 발레 클래스가 탄생하고 변화한 과정을 짚어봤습니다. 또한 장의 제목인 '우아함과 예절', '체계와 제도', '테크닉', '연습실', '사람들'은 발레 클래스를 구성하는 기본 요소이기도 합니다. 각 시대마다 강조됐던 요소들이 쌓여 오늘날 우리가 경험하는 발레 클래스가 이루어진다는 의미로 풀이할 수 있습니다. 이를 통해 발레 클래스를 보다 넓고 깊게 바라볼 수 있길 바랍니다.

저는 발레 클래스의 역사를 되짚어보며 크게 두 가지를 강조하고자 했습니다.

첫째, 사교춤(social dance)과 발레의 연속성입니다. 발레는 서양 귀족들의 사교춤에서 파생된 춤입니다. 그런데 발레의 역사를 다룰 때 사교춤은 발레가 본격적으로 등장하기 위한 배경 정도로 여겨집니다. 발레 전공자들에게 발레는 전문적이고 테크닉적인 춤입니다. 따라서 귀족들끼리 췄던 사교춤은 건너뛰고 사교춤에서 확실히 분화돼 독자적으로 발전한 낭만 발레부터 중요하게 다룹니다.

하지만 오늘날의 발레 클래스에는 귀족들이 췄던 사교춤의 흔적이 많이 남아 있습니다. 수업의 흐름이나 동작 명칭, 몸을 둘러싼 관습과 움직임 원리에서 공통점이 많습니다. 이에 《진화하는 발레 클래스》에선 귀족들의 사교춤을 아마추어들의 수준 낮은 춤 혹은 발레의 미성숙한 전사(前史)로 치부하지 않고 그 가치를 인정하고자 했습니다. 전문 무용수의 춤과 일반인의 춤을 분리시키는 관습에서 벗어난다면 발레가 '전문 무용수만 추는 특별한 것'이라는 편견에서 벗어날 수 있습니다. 또한 귀족들의 춤 수업에서 강조됐던 우아함과 예절의 가치를 곱씹어보면 오늘날 발레 교육에서 간과하기 쉬운 교육적 가치도 깨닫게 됩니다.

둘째, 발레 교육자와 이론가들의 가치를 부각한 것입니다. 발레의 역사는 스타 무용수와 위대한 안무가 위주로 기록되곤 합니다. 스타 무용수가 은퇴해 존경받는 안무가나 교육자가 되고 이론을 정립하는 학자가 되기도 합니다. 하지만 역사에는 무용수로서 빛을 보지 못하다가 훌륭한 제자들을 키우거나 당대 춤의 원리를 정리한 이론서를 집필한 이들도 있습니다. 더군다나 오랜 전통에 질문을 던지고 반기를 드는 이라면 주류에 남아 있질 못하니까요. 가치 있는 일은 무대 위에서만 반짝이는 것이 아니라 무대 뒤에서, 연습실에서, 혹은 골방에서도 이루어집니다. 그리고 골방에서 집필한 책 한 권이 세상을 바꾸기도 합니다. 춤의 세계에선 움직임의 힘이 세지만 때론 말과 글의 힘도 무시할 수 없습니다.

자, 이제 발레 클래스로 돌아가볼까요? 익숙한 음악과 동작에 스며든 많은 이들의 흔적들을 따라가보며 우리 몸으로 새롭게 살아내봅시다.

CONTENTS

PROLOGUE	매번 새롭게 태어나는 전통	4
제1장	우아함과 예절	
	댄싱 마스터와 귀족 학생	15
	춤은 호화 취미인가 생존 전략인가	21
	우아한 존재가 되는 법	28
	춤 교육은 예절 교육이다	34
	1교시: 예절 1589년 아르보 선생님의 바스 당스 수업	44
제2장	체계와 제도	
	춤을 너무 잘 추는 왕	57
	표준어가 된 춤	65
	2교시: 체계 1704년 보샹 선생님 별장에서의 미뉴에트 수업	75
	발레 학교: 전문교육의 시작	84
제3장	테크닉	
	비르투오소의 시대	93
	기초 연습과 반복 연습	100
	3교시: 원리 1838년 블라시스 선생님에 대한 체리토의 회고	110
	포인트 워크의 탄생	118

제4장	연습실	
	거울과 바가 있는 연습실	129
	발레 반주: 바이올린에서 피아노로	135
	발레 연습복: 드레스에서 레오타드로	141

제5장	사람들	
	스승과 제자들	155
	오귀스트 부르농빌: 국비 유학생의 사명감	176
	4교시: 인성 1922년 체케티 선생님께 바치는 파블로바의 헌사	185
	아그리피나 바가노바: 마흔에 시작하는 힘	195
	RAD와 조지 발란신: 집단 지성이냐, 안무 실험실이냐	203

DENOUEMENT	모든 것이 자라고 모든 것이 나아간다	217

부록	발레 클래스 주요 마스터 계보	232
	그림 출처 및 참고문헌	234

제1장

우아함과 예절

댄싱 마스터와 귀족 학생

세계 어느 발레단이나 하루 일과는 클래스로 시작합니다. 공연이 있는 날이든 없는 날이든 첫 단추는 클래스죠. 전문 무용수들에게 매일 아침의 클래스는 의식과도 같습니다. 주역과 솔리스트, 꼬르 드 발레(corps de ballet, 군무무용수)의 경계를 지우고 모두 학생으로 돌아가 기본 동작부터 반복하며 자신의 몸에 집중합니다. 이들을 지도하는 남자 선생님을 발레 마스터(ballet master), 여자 선생님을 발레 미스트리스(ballet mistress)라고 부릅니다. 마스터라는 단어엔 클래스와 리허설을 가르치는 행위를 넘어서는 아우라, 즉 한 분야를 완전히 통달한 이에 대한 존경이 담겨 있습니다.

그런데 발레 클래스의 뿌리로 거슬러 올라가면 어떤 모습이었을까요? 춤을 억압하던 중세가 끝난 15세기 르네상스 이탈리아에선 평민들이 즐기던 춤을 귀족들이 세련되게 다듬어 즐기기 시작했습니다. 당시 춤을 떠올릴 가장 쉬운 방법은 그 시대를 배경으로 한 발레 작품인 〈로미오와 줄리엣〉을 보는 것입니다. 몬테규가와 캐풀렛가가 대립하는 베로나. 몬테규가의 로미오는 캐풀렛가에서 열린 가면 무도회에 몰래 숨어들었다가 캐풀렛가의 줄리엣과 조우하고 사랑에 빠지고 맙니다. 발레 팬들이라면 로미오와 줄리엣이 무도회에서 처음 만나 서로에게 반하는 장면, 그리고 달빛 어린 발코니에서 열정적으로 사랑에 빠지는 장면에 마음이 설레실 것입니다. 그런데 이들의 밀회가 빛나는 건 무도회의 엄숙한 춤과 대조를 이루기 때문이죠. 무도회가 시작되면 귀족들이 화려한 모자와 치렁치렁한 옷을 입고 위엄 있게 춤을 춥니다. '기사의 춤' 장면이지요. 남녀가 커플을 이뤄 우아하고 엄숙하게 걷는 군무가 당시 귀족 춤을 반영하고 있습니다. 기사의 춤이 끝난 후 등장한 줄리엣과 로미오가 더 철없고 앳돼 보이는 건 이 춤이 주는 위압감 때문일 것입니다.

문제는 무도회에서 추는 춤이 갈수록 다양해지고 테크닉도 어려워졌다는 것입니다. 춤을 몸에 익히고 기억하는 데 점차 많은 시간과 노력이 필요했겠지요. 당시 춤은 몇 가지 기본적인 스텝을 조합하는 것이었는데, 날이 갈수록 기본 스텝의 숫자가 증가했습니다.[1] 또한 기본 스텝을 조합한 안무 역시 기하급수적으로 늘어났습니다. 매년 새로운 춤이 나오고 유행이 지난 춤은 아래 계급으로 퍼져나가는 상황에서 상류층의 유행에 뒤처지지 않고 소속감을 유지하려면 새로운 춤을 계속 배워야 했

---

[1] 15세기엔 '자연적인 스텝(motti natuali)' 9개와 '우연적인 스텝(motti accidentali)' 3개가 있었으나 16세기엔 무려 50여 개로 늘어났다고 합니다. Jennifer Nevile(2007), The early dance manuals and the structure of ballet. *The Cambridge Companion to Ballet*. Edited by Marion Kant. Cambridge, UK: Cambridge University Press, p.11

습니다. 어느 시대나 힙스터가 되는 건 많은 노력이 필요한가 봅니다. 때마다 유행하는 춤을 익히고 외우려면 상당한 노력이 필요했을 것입니다. 이때 귀족들을 도와준 이가 바로 댄싱 마스터(dancing master)입니다.

15세기 이탈리아의 댄싱 마스터들은 당대 유명한 가문에서 귀족들을 가르쳤습니다. 피렌체의 메디치(Medici), 밀라노의 스포르차(Sforza), 파르마의 파르네세(Farnese), 페라라의 데스테(d'Este) 가문은 모두 댄싱 마스터를 기용했습니다. 당시 가장 유명한 댄싱 마스터였던 도메니코 다 피아센차(Domenico da Piacenza, 1390~1470)는 페라라 가문에서 일했습니다. '페라라의 도메니코(Domenico of Ferrara)'로 알려졌다고 하니 댄싱 마스터와 귀족 가문의 관계가 긴밀했음을 짐작케 합니다. 이후로도 상류층에서는 댄싱 마스터를 고용하는 것을 필수로 여겼습니다.

귀족 가문에 고용된 댄싱 마스터는 춤 동작을 가르치는 것 이상의 역할을 맡았습니다. 왕과 같은 권력을 누리던 가문들은 정치적 행사가 있을 때, 외교관이 방문할 때, 종교 축일이나 결혼식 등 특별한 날이 되면 화려한 여흥을 개최했습니다. 귀족들만 참석하는 약혼식부터 광장에 무대를 세우고 수천 명이 지켜보는 공개 퍼레이드까지 다양한 볼거리를 만들어냈습니다. 발레의 출발점으로 소급되는 이러한 화려한 행사는 각 가문의 권력을 과시하는 중요한 수단이었기에 돈과 인력을 쏟아부었지요. 이러한 화려한 여흥까지 총연출한 이가 바로 댄싱 마스터들입니다.

댄싱 마스터는 귀족들에게 당시 유행하던 춤과 예절을 가르치고, 춤에 어울리는 반주를 해주고, 춤 교본을 편찬하고, 춤 이론을 정립했습니다. 새로운 춤을 안무하고, 국가적 행사를 연출하기도 했습니다. 다시 말해 무용 교육자이자 반주자, 기록가, 학자, 안무가, 그리고 연출가였던 셈입니다. 그들은 전문적인 네트워크를 형성해 국제적으로 활약했습니다. 지금 발레 마스터들이 세계의 발레단을 오가며 활동하듯이요. 시간이 지나면서 귀족들의 사교춤으로부터 전문 무용수들의 발레가 독립하게 됐지만 상류층에게 춤과 예절을 가르치는 댄싱 마스터의 존재는 20세기 초까지 이어졌습니다.

그런데 댄싱 마스터는 갑자기 어디서 나타난 사람들일까요? 그 기원은 중세 시대에 마을과 마을, 성과 성을 떠돌며 노래하고 춤추었던 유랑 예능인 집단으로 거슬러 올라갑니다. 간혹 성직자나 귀족 출신도 있었지만 대부분은 평민이었습니다. 계급 사회에서 자기 재능만으로 인정받은 케이스라고 할 수 있겠지요. 그렇다면 여기에서 묘한 긴장이 생깁니다. 댄싱 마스터는 평민이지만 귀족보다도 더 귀족 같은 매너와 춤 솜씨를 갖춘 이들이었습니다. 또한 그들은 귀족의 선생님으로서 그들의 공적, 사적 영역에 깊이 얽혀 생활했습니다. 즉, 귀족들은 자기보다 계급이 낮지만 자기보다도 더 귀족 같은 이에게 춤과 예절을 배웠다는 말이 됩니다. 그러니 귀족에게 댄싱 마스터는 존경하는 동시에 무시하는 존재, 고맙고도 불편한 존재였겠지요.

댄싱 마스터의 수업 시간을 구경해봅시다(그림 1). 탁자와 테이블, 벽난로가 있고 고양이도 보이네요. 귀족의 집에서 수업이 이뤄졌음을 알 수 있습니다. 귀족들은 학교 교육보다 개인 교습

그림 1. 댄싱 마스터의 개인 교습

을 선호했고 춤 역시 예외가 아니었습니다. 한 명의 학생에게만 집중하니 더없이 알찬 수업이었을 겁니다. 이처럼 '개인 교습'의 형식은 발레가 발전하고 전문적인 무용 학교가 설립된 후에도 꾸준히 이어졌습니다.

댄싱 마스터의 수업에 바워크나 센터워크는 없었습니다. 당시엔 동작을 쪼개서 반복 연습을 시키거나 테크닉 향상을 위해 준비 동작을 가르치는 교수법이 없었기에 작품을 처음부터 끝까지 반복했습니다. 그러니까 클래스가 곧 작품 연습인 셈입니다. 댄싱 마스터가 춤 동작을 설명하고, 시범을 보이고, 작은 바이올린(pochette)으로 반주도 해주고 있네요. 댄싱 마스터들은 현악기 연주자(fiddler)와도 동일한 존재로 인식될 정도로 바이올린 연주에 능통했습니다.[2]

그런데 귀족 학생의 나이가 너무 어려 보입니다. 여덟 살은 됐을까요? 신나게 뛰어다닐 아이가 꼿꼿이 서서 엄숙하게 걷는 연습을 하는 모습이 안타깝네요. 르네상스 시대 데스테 가문의 딸 이사벨라(Isabella d'Este)가 여섯 살 때 공식 석상에서 춤을 췄고, 프랑스 태양왕 루이 14세는 여섯 살에 춤 수업을 시작해서 열두 살에 무대에 데뷔했다고 합니다. 오늘날 발레 교육보다 더 이른 시작이지요. 그렇다고 조기 교육으로 끝나는 것도 아닙니다. 댄싱 마스터는 성인 귀족들을 꾸준히 가르쳤고 무도회와 같은 행사에 상주하며 춤과 매너를 섬세하게 지도했습니다.

이처럼 귀족들은 평생 동안 춤을 배우는 데 노력을 기울였습니다. 어려서부터 춤을 배우는 데 시간과 돈을 투자할 수 있다는 것 자체가 상류층이라는 표식입니다. 그런데 다른 한편으론 그들이 춤을 배우는 것에 그만큼 절실했다는 뜻이기도 합니다. 그러면 유럽의 귀족들은 왜 그토록 춤을 배우려고 노력했을까요? 춤이 그들에게 어떤 중요한 가치가 있었을까요? 다음 주제에서 살펴보겠습니다.

---

[2] 루이 14세의 댄싱 마스터였던 피에르 보샹, 20세기 초의 발레 마스터인 아르튀르 생-레옹을 비롯해 선생님이 바이올린으로 연주하는 전통은 20세기 초까지 이어집니다.

춤은 호화 취미인가
생존 전략인가

우리는 계급이 없는 나라에 삽니다. 왕도 귀족도 노비도 없고, 선거에선 누구나 한 표씩 행사합니다. 이러한 평등은 오랜 시간에 걸쳐 어렵게 이루어낸 것입니다. 하지만 완벽한 평등이란 불가능합니다. 계급은 없어도 학력과 재산으로 벌어진 삶의 격차를 대물림하고, 심지어는 지적 소양과 문화적 취향으로 은밀하게 타인을 자별하곤 하지요.

귀족과 평민을 구분하던 유럽에서는 이러한 구별 짓기가 더 노골적이었겠지요. 서양에서 귀족은 원래 고정된 개념이 아니었습니다. 고귀하고 우월하다는 개념은 있었지만 법적으로 명시된 구분은 아닙니다. 그보다는 '귀족다운 삶의 방식(vivant noblement)'을 실천하는 이가 귀족이었습니다. 영지를 소유하고, 상업을 포기하고, 수많은 하인을 거느리고, 전쟁이 나면 참전하고, 무엇보다도 다른 귀족들과 교류하며 평판을 유지해야 합니다. 이처럼 귀족은 고정된 것이 아니라 유동적인 개념이며, 새로운 이들이 귀족에 합류하거나 서열이 바뀌기도 했습니다. 그러니 평민과 다르다는 것을 증명하고 나아가 다른 귀족과의 경쟁에서 밀려나지 않는 것이 중요했습니다. 특히 17세기 프랑스에서는 상업과 전문직에 종사하는 부르주아 계층이 빠르게 늘자 이에 위기감을 느낀 귀족들이 귀족다움을 내세웠습니다. 돈만 많은 이는 갖추지 못한 문화적 소양과 세련된 몸가짐을 통해 특권적 입지를 지키려 한 것입니다.

그렇다면 평민이나 졸부가 가지지 못한 '귀족다움'이란 뭘까요? 저는 안데르센의 동화 《공주와 완두콩》이 떠오릅니다. 옛날에 '진정한' 공주와 결혼하고 싶었던 왕자가 있었습니다. 그러니까 부모가 왕족이라는 것 이외에도 왕족다운 기품을 갖춘 이 말입니다. 여러 공주가 왕자를 찾아왔으나 진정성을 증명하는 데 실패합니다. 비가 억수 같이 오는 어느 날 한 공주가 흠뻑 젖은 채 나타납니다. 꾀죄죄한 그녀가 공주임을 증명할 방법은 아무것도 없었지만 왕비는 잘 곳을 마련해줍니다. 20개의 요와 20개의 깃털 이불을 첩첩이 쌓은 침대였지요. 다음 날 아침, 공주는 눈을 비비며 일어나더니 침대에 뭔가 딱딱한 것이 있어서 잠을 설쳤다고 말합니다. 왕비가 산더미 같은 요 밑에 숨겨둔 완두콩 한 알을 감지한 것이지요. 이야기는 해피엔딩으로 끝납니다. 그녀야말로 공주다운 섬세함을 갖추었음을 증명했기에 왕자가 청혼한 것입니다. 어린 시절 이 이야기를 읽으며 저는 20개의 요는커녕 엉덩이 밑에 콩알이 깔려도 알아채지 못할 거라며 낙담했던 기억이 납니다.

《공주와 완두콩》은 오늘날의 눈으로 보면 여러모로 이상한 이야기입니다. 어쨌든 '진정한' 공주가 여타의 공주들과 달리 몸에 깊이 밴 무언가가 있다는 대목이 의미심장합니다. 흔히 귀족은 화려하다고 생각하기 쉽지만, 귀족다움의 본질은 화려한 옷이나 거창한 행렬이 없더라도 행동이나 습관을 통해 드러난다는 생각입니다. 돈만 많아도, 지식만 많아도 안 되고 귀족다움이 온몸에 배어 있어야 한다는 것이지요.

귀족들은 어려서부터 귀족다움을 철저히 익혀 제2의 본성으로 만들었습니다. 춤은 귀족다움을 개발하고 또 타인에게 과시하는 유용한 기술이었습니다. 그러니 귀족들이 왜 댄싱 마스터로부터 춤 교육을 일찍 받기 시작했는지 아시겠지요? 댄싱 마스터들은 춤추기에 앞서 어떻게 서고 걷고 행동하는지를 가르쳤습니다. 귀족들은 풍성한 가발과 모자, 치렁치렁한 옷으로 치장했기에 춤은커녕 제대로 움직이기도 힘들었습니다. 남성들은 긴 망토를 떨어뜨리고 여성들은 드레스 자락에 다리가 감겨 넘어지기 일쑤였습니다. 그런 귀족들을 위해 댄싱 마스터들은 비틀거리지 않으면서 발을 뻗고 상체는 꼿꼿하게 유지하는 법을 연습시켰습니다.

춤이 상류층에게 실용적이라는 관점은 오랫동안 이어졌습니다. 계몽주의 철학자인 존 로크는 상류층 자제의 교육을 다룬 《교육론》(1693)에서 이렇게 말합니다. "만약 사내아이가 부주의하여 모자를 벗지 않거나 다리를 우아하지 않게 움직인다면 댄싱 마스터가 이 결함을 고치고, 유행에 민감한 사람들이 우스꽝

스럽다고 여길 자연적인 검소함을 모두 제거할 것이다."[1] 여기서 댄싱 마스터는 춤보다도 자세와 행동거지를 매끈하게 다듬는 기술자라 여겨집니다. 그러니 어느 귀족이 댄싱 마스터에게 아들의 춤 교육을 맡기면서 "댄싱 마스터가 아리스토텔레스보다 더 쓸모 있다"고 말한 것도 납득됩니다.

물론 춤은 실용성 이상의 의미를 지녔습니다. 춤과 매너는 귀족이라면 몸에 새겨야 할 문명화의 척도라 여겨졌으니까요. 특히 17세기 절대왕정 시대가 되면 춤은 정치적 생명을 좌우하는 중요한 기술이 됐습니다. 춤은 위엄과 명성을 더하고 왕족의 호감을 얻을 수 있는 중요한 도구였습니다. 그러고 보면 귀족들의 춤은 오늘날 골프와 유사한 점이 많습니다. 골프를 치려면 경제적, 시간적 여유가 있어야 하고, 골프를 통해 자연스럽게 사회적 지위가 높은 이들과 어울리게 되며, 이를 통해 사업이나 정치적 이익을 도모하기도 하니까요. 상류층의 사교 문화에서 점차 대중화되는 과정을 거쳐 많은 이들이 재미나 운동 효과를 위해 즐기게 된 것까지도 비슷합니다.

춤으로 출세한 이를 떠올려볼까요? 루이 14세 시절의 궁정 발레(ballet de cour)에서 20년 동안 주역 무용수이자 감독으로 활약했던 프랑수아 드 보빌리에(François de Beauvilliers, 1607~1687)가 대표적입니다. 춤을 사랑한 루이 14세는 오랫동안 궁정 발레에 직접 출연했으니 왕과 나란히 춤추던 그가 누린 특권은 이루 말할 수 없었습니다. 그는 루이 14세의 침실 시중을 드는 제1귀족

---

[1] 존 로크(1693; 2011), 《교육론, 귀한 자식 이렇게 가르쳐라》, 박혜원 역, 서울: 비봉출판사, p.331.

(premier gentilhomme)으로 임명됐고 공작의 지위까지 획득했으며 훗날 아카데미 프랑세즈의 회원이 됐답니다. 이는 발레 실력이 귀족의 정치적 입지에 얼마나 영향을 미치는지 잘 보여주는 사례라 할 수 있습니다.

반면에 춤 때문에 몰락한 이도 있습니다. 부아뉴 백작 부인의 회고록에 따르면 잘생기고 직업도 좋고 엄청나게 부자인 어느 부르주아 젊은이가 베르사유 궁전에서 열린 무도회에 참석했다고 합니다. 백작 부인은 이를 경솔한 행동이라고 평가했습니다. 파리에선 귀족과 부르주아들이 허물없이 지냈지만 베르사유 궁전에선 가차 없었기 때문입니다. 까다로운 춤과 예절을 잘 알지 못했던 젊은이는 엄청나게 망신을 당했고, 파리로 돌아간 뒤 괴로움을 견디지 못하고 그만 자살했다고 합니다. 명예를 잃으면 목숨을 잃은 것과도 같았던 것이지요.[2]

귀족 남성뿐만 아니라 귀족 여성에게도 무도회는 기회의 땅이요, 출세의 장이었습니다. 잔느 푸아송(Jeanne Poisson)이라는 여성이 있었습니다. 아름답고 매력적인 여성으로 춤과 노래는 물론 그림, 승마, 보석 세공에 이르기까지 재주가 많았지요. 평민 출신으로 부르주아와 결혼한 그녀는 친절하고 따뜻한 성품 덕분에 사교계에서 인기가 매우 많았다고 합니다. 하지만 귀족이 아니었기에 궁정에 갈 수는 없었지요. 어느 날 베르사유 근처에 있던 그녀의 별장에 루이 15세의 사냥대가 왔습니다. 당시엔 왕이 사냥을 나오면 그 지역 귀족들이 따라다니는 것이 관례였습

---

[2] Wendy Hilton(1981). *Dance of Court and Theatre, 1690-1725.* Prinston, N. J. : Prinston Book Company.

니다. 그녀는 이 기회를 놓치지 않았습니다. 하루는 핑크 드레스를 입고 푸른 쌍두마차를 타고, 다음 날은 푸른 드레스를 입고 핑크 쌍두마차를 타고 따라갔습니다. 그녀의 바람처럼 왕이 그녀를 눈여겨봤지만 아쉽게도 이를 알아차린 왕의 정부(情婦)가 잔느를 쫓아버렸습니다.

시간이 흘러 정부가 죽자 왕은 새로운 첩을 들이고자 했습니다. 많은 부르주아 여성들이 신분 상승의 기회를 노렸지만 잘생기고 콧대 높은 왕의 눈에 차는 이가 없었지요. 몇 해가 지나 1745년 황태자의 결혼식을 축하하는 대규모 무도회가 열렸습니다(그림2). 귀족들만 참석하는 여느 무도회와는 달리 의복을 갖춘 이라면 누구나 참석할 수 있었습니다. 여러 날 이어지던 무도회가 가면 무도회로 절정을 이루었습니다. 그런데 왕은 자신의 정체를 감추기 위해 일곱 명의 궁정인과 똑같이 주목나무 탈을 쓰고 나타났습니다. 어느 나무가 왕이었을까요? 조금 뒤 사람들은 왕을 알아봤습니다. 잔느에게 푹 빠진 나무가 있었거든요. 그렇게 잔느는 루이 15세의 새로운 정부인 마키즈 드 퐁파두르 (Marquise de Pompadour, 1721~1764)가 됐습니다.

퐁파두르의 이야기는 신데렐라를 떠올리게 합니다. 왕궁에서 열린 무도회에 온 동네 처녀들이 초대받은 날, 우여곡절 끝에 참석하게 된 신데렐라가 자신이 가진 춤 실력과 매너, 우아함으로 왕자를 사로잡아 결국 왕비가 된다는 이야기이죠. 신데렐라와 달리 퐁파두르는 유부녀였고 (불쌍한 퐁파두르의 남편은 반강제적으로 이혼을 했지요) 왕비가 아닌 정부가 됐지만 어쨌든 무도회에서 보여준 매력으로 인생이 바뀌었다는 점은 비슷합니다.

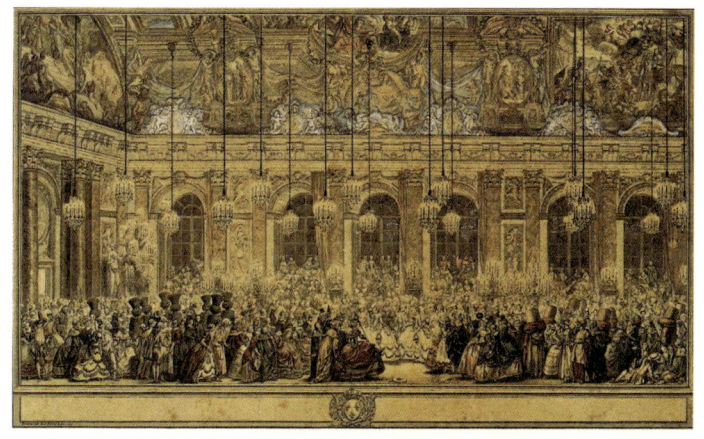
그림 2. 가면 무도회에 주목나무로 분장하고 나타난 루이 15세

춤에는 여유로움의 특성이 있습니다. 그러니까 생업에서 벗어나 경제적, 시간적 여유가 있는 귀족들만이 어려서부터 춤을 꾸준히 배울 수 있었지요. 그런데 귀족들의 입장에선 어떨까요? 그들에게 춤은 먹고살 만함을 과시하는 호화로운 취미라기보단 처절한 생존 전략일지도 모릅니다. 귀족 사회는 '보여주기'를 위한 사회였습니다. 오늘날의 SNS는 저리 가라 할 정도로 스스로를 잘 통제하고 꾸며서 완벽한 모습으로 보여줘야 했습니다. 귀족다움은 분칠한 모습으로 잠깐 찍는 사진 속 아름다움이 아니라 일거수일투족 매순간 몸에서 배어 나오는 것이어야 했습니다. 완두콩을 알아챈 공주 이야기나 퐁파두르 부인 이야기 모두 몸에서 뿜어져 나오는 귀족다움을 강조합니다. 댄싱 마스터의 수업을 통해 귀족들이 몸에 익히고자 했던 귀족다움은 오늘날의 발레 클래스까지 전해지고 있습니다. 바로 우아함과 예절입니다.

우아한 존재가
되는 법

정명훈의 피아노 리사이틀에서 일어난 일입니다. 정명훈이 무대에 나와 호흡을 가다듬고 건반을 치려고 하는 찰나, 객석에서 휴대전화 문자 수신음이 들렸습니다. "띠리리띠리~" 뜬금없이 울려 퍼진 방해음은 관객들을 웃게 만들었고, 그 덕분에 공연장의 집중력은 깨져버렸습니다. 정명훈도 허탈한 듯 따라 웃어버렸지요. 관람 예절을 챙기지 못한 한 관객의 실수가 수많은 이들의 감상을 망쳐버린 상황. 그런데 정명훈은 껄껄 웃다가 문제의 문자 수신음을 피아노로 쳐 보였습니다. 의외의 유머에 관객들도 웃었지요. 조금 후 그는 그 멜로디를 다시 따라 쳐 보이며 마지막 음을 브람스 곡과 연결해 연주를 시작했습니다. 주변인들의 눈총을 받고 식은땀을 흘렸을 그 관객에게 무안을 주거나 화를 내는 대신 상황을 부드럽게 마무리하며 사람들을 편안하게 해주는 태도. 서양 귀족들이 추구했던 우아함과 맞닿아 있습니다.

우아함이란 뭘까요? 하늘하늘 춤추는 발레리나가 떠오르지요. 이처럼 우아함이란 우선 잘 조율된 방식으로 움직이는 것을 뜻합니다. 깃털처럼 가볍게 춤추는 무용수나 건반 위에서 손가락이 저절로 미끄러지듯 연주하는 피아니스트를 볼 때 우리는 우아하다고 합니다. 하지만 우아함은 꼭 예술에만 해당되는 것은 아닙니다. 여러 가지 재료를 능숙하게 다듬고 볶는 요리사의 숙달된 움직임이나 옷감을 휙휙 자르고 박음질하는 재봉사의 경쾌한 손놀림에도 우아함이 배어 있습니다. 딱 필요한 만큼만의 힘을 노련하고도 효율적으로 사용해 움직이니까요.

이처럼 우아함은 고도로 숙달된 움직임을 통해 도달하는 힘 빼기의 경지라 할 수 있습니다. 뭐든 힘 빼기가 제일 어렵다고 하지요. 무언가를 애써 노력해 겨우겨우 해내는 것도 장하지만 이를 수월하게 행하는 경지야말로 어려우니까요. 힘 빼기는 몸의 움직임뿐만 아니라 마음의 태도에도 적용됩니다. 너무 비장하지 않게 가볍게 살아가는 자세가 우아함이라 할 수 있습니다.

우아함은 상대를 편안하게 해주는 세련된 매너이기도 합니다. 기다림에 지친 손님들에게 농담을 건네며 능숙하게 안내하는 점원을 본 적 있나요? 매끄러운 응대에서 느껴지는 노련함 역시 우아함의 중요한 요소입니다. 실수 때문에 당황한 이를 더욱 당황하게 만들기보다는 많은 관객들이 이 상황을 웃으며 즐겁게 넘길 수 있도록 넘어간 정명훈의 대처 역시 우아합니다. 물론 그도 마음속으론 화가 났을 것입니다. 분명 화가 났을 텐데도 아닌 척했으니 위선적이라 여길 이가 있을지도 모릅니다. 하지만 우아함은 자기가 느끼는 감정을 여과 없이 표현하는 것이 아니라 이를 가다듬고 순화해 타인을 배려하는 행동입니다.

이렇게 보면 우아함에는 두 가지 측면이 있습니다. 능숙하고 쉬워 보이는 행동이나 몸가짐, 그리고 타인을 관대하고 편안하게 대하는 태도라 할 수 있습니다. 우아함을 이렇게 정의한다니 놀랍지 않나요? 사람의 외모에 대한 찬사, 그러니까 귀여움과 아름다움, 혹은 날씬함과 비슷한 개념이라고 생각하기 쉬운데 그보다는 스스로 올바르게 처신하고 타인을 대하는 방식을 의미한다니요.

르네상스 시대부터 귀족들은 우아함을 찬미하고 이를 귀족으로서 지녀야 할 자질로 여겼습니다. 16세기 이탈리아의 시인이자 외교관인 발데사르 카스틸리오네(Baldesar Castiglione)는 《궁정인 Il Cortegiano》(1528)에서 궁정인, 즉 귀족으로서 갖춰야 할 자질을 '스프레차투라(sprezzatura)'라는 말로 표현했습니다. 어려운 일을 쉽게, 아니 쉬워 보이게 하는 태연함을 뜻하는 말입니다. 카스틸리오네는 지속적인 교육과 노력을 통해 말과 행동, 자세와 움직임이 우아해지도록 노력해야 하며, 동시에 그 노력이 너무 드러나지 않게끔 해야 한다고 말했습니다. 우아함이란 능숙함, 그리고 능숙함에서 오는 편안함과 자연스러움으로, 실은 힘들게 얻었을 능력과 기술과 자질을 겸손하게 드러내는 것입니다. 이처럼 쿨하고 힙한 스웨그가 있을까요? 카스틸리오네의 책은 서양 상류층의 교육에 오랫동안 영향을 미치는 베스트셀러가 됐습니다.

그런데 우아해지도록 노력하라고 하면서 그 노력은 감추라고 하니 어째 모순적으로 들리지 않나요? 찬찬히 생각해봅시다. 당시 사람들은 몸의 움직임과 마음의 작동이 긴밀히 연결된다고 봤습니다. 천박하게 행동하는 자는 자기 내면이 천박하다는 걸 만천하에 공개하는 것이나 마찬가지라고 여겼습니다. 하나를 보면 열을 알 수 있다고 할까요. 거꾸로 몸을 단정하고 기품 있게 움직이도록 노력한다면 마음도 도덕적이고 윤리적으로 작동하게 되리라 보았습니다. "Fake it till you make it(원하는 상태가 될 때까지 그런 척하다 보면 된다)"이라는 영어 경구를 떠올리게 합니다. 처음엔 완벽하지 않더라도 우아한 듯 행동하다 보면 실제로 우아한 존재가 될 수 있다고나 할까요.

이처럼 우아함을 찬미한 귀족 사회에서 춤은 우아함을 드러내고 또 획득하는 중요한 활동이었습니다. 춤을 출 때 동작을 잘 외워서 실수 없이 행하는 것도 중요하지만 그 과정이 우아하고 풍성하며 덕성이 넘칠 때 귀족답다고 봤습니다. 몸가짐과 자세, 매너와 에티켓이 매끄럽고 편안해 보이도록, 그리고 실제로도 편해지도록 노력해야 한다는 것이지요.

오늘날의 발레는 귀속들이 추던 춤의 모습에서 멀어져버렸지만 우아함만큼은 꾸준히 추구해온 특질이라고 할 수 있습니다. 귀족들의 춤 수업이나 발레 무용수의 클래스나 모두 우아함을 몸에 익히는 과정입니다. 그들은 효율적이고도 절제된 방식으로 몸을 움직이기 위해 많은 노력을 기울였습니다. 어려운 동작이 쉬워 보이도록, 편안해 보이도록 반복적으로 연습했습니다. 테크닉의 수준은 달라도 같은 방향을 향해 노력한 것입니다.

자, 그럼 우리도 우아한 존재가 한번 돼볼까요? 18세기 프랑스의 댄싱 마스터인 피에르 라모(Pierre Rameau, 1674~1748)의 춤 교본을 들춰봅시다. 다른 댄싱 마스터들과 마찬가지로 라모도 움직

그림 3. 라모가 제시한 자연스런 몸의 자세

임을 가르치기 전에 우선 우아하게 서는 법부터 가르쳤습니다.

> 머리를 똑바르고도 뻣뻣하지 않게 든다. 어깨를 뒤쪽으로 내리면 가슴이 펴지고 몸 전체에 우아함을 더할 수 있다. 팔은 옆에 늘어뜨리며 손은 완전히 열지도 닫지도 않는다. 허리를 꼿꼿이 세우고, 다리는 쭉 뻗고, 발은 바깥으로 향한다. …

라모의 가르침에 따라 기품 있지만 거만하지 않게, 편안하지만 흐트러지지는 않은 모습으로 서봅시다. 이것이 사교춤의 기본 자세이자 발레의 기본 자세입니다(그림 3).

　우아함은 쉽게 얻을 수 없습니다. 우아하지 못한 이들은 서투름을 감추려고 자꾸만 과장된 몸짓을 더하게 됩니다. 하지만 우아함은 무언가를 더하는 것이 아니라 빼는 것입니다. 여러 댄싱 마스터들이 지속적으로 강조한 점도 정제된 단순함과 정갈함입니다. 불필요한 것들을 계속 제거해 꼭 필요한 것만 남겨야 한다는 것입니다. 바른 자세에 대해 온갖 잔소리를 늘어놓은 후 라모는 이렇게 마무리합니다.

이 모든 주의사항 때문에 경직되거나 형식에 얽매이는 것은 어리석은 일이다. 과장하는 것만큼이나 피해야 한다. 적절한 몸가짐은 자연스럽고 자유로우며 편안한 분위기 그 이상도 이하도 아니며, 이는 오직 춤을 통해서 얻어진다.

춤 교육은
예절 교육이다

〈발레슈즈Ballet Shoes〉(2007)라는 영화가 있습니다. 20세기 초 공연 예술계에 뛰어든 세 고아 자매의 이야기를 담은 동명의 소설(1936)을 바탕으로 한 영화입니다. 어느 날 소녀들은 돈을 벌기 위해 춤과 연기 아카데미에 찾아갑니다. 원장 선생님의 방에서 대기하던 중 선생님이 방에 들어서자 첫째인 폴린이 선뜻 다가가 손을 내밀며 악수를 청합니다. 그러나 원장 선생님은 단호하게 그 손을 거절하며 이렇게 말합니다. "여기서는 아침과 저녁, 수업 전과 후에 나를 '마담'이라 부르며 이렇게 절(courtesy)을 한단다." 강한 러시아 악센트로 말하며 직접 무릎을 구부려 시범을 보이는 원장 선생님 앞에서 무안해진 폴린이 손을 내리고 어색하게 무릎을 구부리며 절을 합니다. 비로 발레 클래스의 시작입니다.

발레 클래스는 선생님과 학생이 서로 예절을 갖추는 것에서 시작합니다. 동작을 행하기에 앞서 학생들은 똑바로 서서 선생님과 반주자에게 절을 합니다. 이를 레베랑스라고 부릅니다. 클래스를 수없이 반복하다 보면 때로는 익숙하게, 때로는 무심하게 지나치기 쉽지만 몸에 밴 예절은 큰 힘을 발휘하지요. 일상에서도, 공연에서도, 선생님에게, 파트너에게, 관객에게 예의를 갖춰 존경과 감사를 표현하는 것을 잊지 않게 해줍니다.

예절은 르네상스 댄싱 마스터의 춤 수업에서 오늘날의 발레 클래스로 전해진 중요한 유산입니다. 댄싱 마스터들은 춤과 더불어 세련되고 품위 있는 매너와 에티켓을 가르치는 데 초점을 뒀습니다. 그들이 쓴 교본을 읽어보면 예절에 대해 길고 자세하게 설명하고 있습니다. 앞서 살펴봤던 우아함이 춤을 통해 추구하고자 한 궁극적 가치였다면 예절은 이를 실현해주는 방법론입니다. 우아함이 간결하고 쉬워 보이는 결과물이라면 예절은 이를 정교하게 쌓아올리는 과정입니다.

예절의 대명사는 인사하기입니다. 흔히 인사만 잘해도 사회생활이 수월하다고 말합니다. 옛날 귀족들 역시 그러했습니다. 춤은 인사로 시작하고 끝맺었기에 댄싱 마스터들은 춤에 앞서 레베랑스부터 가르쳤습니다. 특히 많은 이들이 지켜보는 가운데, 때로는 왕 앞에서 춤을 시작할 때 레베랑스를 길고 장중하게 행했던 것이지요. 하지만 인사는 일상의 기술이기도 했습니다. 귀족들은 방에 들어갈 때나 나올 때, 타인에게 다가갈 때, 선물을 건넬 때, 거리에서 우연히 누군가를 만날 때 등 다양한 상황에서 그에 맞는 인사를 했습니다. 댄싱 마스터가 춤 교본에서 여러 종류의 레베랑스를 소개하는 것을 보면 예절이 얼마나 정교했는지 짐작할 수 있습니다.

세련되고 품위 있게 인사하기란 매우 어렵습니다. 남성은 대개 한 손으로 모자 모서리를 잡고 벗으며 한 발을 앞이나 뒤로 내밀고 몸을 숙여 인사합니다. 간단해 보입니다만 손동작과 발 동작이 다르고, 몸의 오른쪽과 왼쪽의 움직임이 다르기 때문에 덜컹거리지 않고 매끄럽게 행하기란 쉽지 않습니다. 모자의 어느 부분을 어느 손으로 잡아 내렸다가 다시 쓰는지, 무릎을 얼마나 굽히고 상체를 얼마나 숙여야 하는지, 무게 중심은 어떻게 이동하는지, 그 리듬과 타이밍과 속도와 시선은 어떠해야 하는지 섬세하게 조율해야 합니다. 이에 비해 거추장스런 드레스를 입었던 여성은 눈을 내리깔고 무릎을 살짝 굽힐 수밖에 없었으니 좀 수월했지요.

　댄싱 마스터 라모는 자신의 춤 교본에서 남성이 모자를 벗고 인사하는 동작 설명에만 무려 세 장을 할애합니다. 라모의

그림 4. 모자를 벗어 인사하는 법

그림을 보며 인사를 따라 해볼까요(그림 4)? 우선 손바닥을 위로 향해 팔을 어깨높이까지 들고, 팔꿈치를 고정한 채 손을 모자로 향합니다. 엄지손가락으로 모자챙 아래를, 나머지 손가락으로 모자챙 위를 잡습니다. 팔을 전체적으로 조금 들면서 모자를 머리 위로 들어 올린 후 몸통 옆으로 내립니다. 그런 후 한 발을 앞으로 내밀며 몸을 숙입니다. 이때 상체를 너무 숙여 얼굴을 가리면 안 됩니다. 그런 후 다시 역순으로 모자를 써야겠지요. 이 모든 자세가 하나의 동작으로 매끄럽게 이어져야 합니다.

인사하기를 섭렵했다고 해서 끝이 아닙니다. 춤을 둘러싼 모든 상황에서 섬세한 예절이 개입됩니다. 그래서 댄싱 마스터들은 수업을 통해 학생들이 복잡한 예법을 몸에 익히고 연습하도록 도왔습니다. 무도회장에 입장할 때 어떻게 행동해야 하는지, 사람들에게 자신을 어떻게 소개해야 하는지, 남성은 어떻게 여

그림 4. 모자를 벗어 인사하는 법

성을 춤에 초대하는지, 여성의 손을 잡고 무도회장을 어떻게 이동해야 하는지, 춤을 추지 않을 때엔 어떻게 쉴 수 있는지, 망토, 칼, 장갑, 부채와 손수건 등의 갖가지 소품은 어떻게 다루어야 하는지 등에 대한 수많은 규칙들이 있었습니다. 이를 어기거나 서투르게 다루면 체면이 깎이는 것을 감내해야 했지요.

댄싱 마스터의 예절 교육은 문 바깥에서부터 시작됐습니다. 18세기 초반의 기록에 따르면 댄싱 마스터가 집 앞에 도착하면 학생이 마중 나가 절을 했다고 합니다. 한 번은 깊게, 한 번은 얕게 무릎을 숙이며 공손히 절을 한 후 스승을 집 안으로 모십니다. 수업을 하는 방으로 안내해 코트와 모자를 받아들고 안락의자로 안내하는 것부터 예절 교육의 시작인 것이지요. 그뿐만이 아닙니다. 댄싱 마스터들은 집주인이 개최하는 크고 작은 무도회에 머무르며 귀족 학생들의 춤과 행동거지를 관찰하고 지도했습니다. 현장 실습이랄까요. 이처럼 춤 동작에만 한정되거나 수업 시간에만 국한되는 게 아니라 숨 쉬듯 자연스럽게 예절이 몸에 배도록 가르쳤습니다. 《백과전서》(1751~1772)를 쓴 디드로와 달랑베르가 '매너' 항목에서 "우리의 댄싱 마스터들이 매너의 전문가다"라고 할 만합니다.

하지만 예법은 늘 지나치게 복잡했습니다. 예법은 서로를 존중하고 배려하도록 도와줬지만 때로는 서로를 구별 짓고 아주 사소한 행동거지로 인해 상대를 깎아내리는 무기가 되기도 했습니다. 여기에 엄격한 신분제가 사라지고 시민 사회가 형성될수록 배타적인 분위기도 강화됐습니다. 19세기 말 빅토리아 시대에 여성이 무도회에 참여하려면 드레스와 머리 장식을 다듬고, 장갑과 부채뿐만 아니라 꽃을 담는 포지홀더(posy holder)[1], 스커트 리프터(skirt-lifter)[2], 춤 카드 수납함(carnet de bal),[3] 심지어 핸드쿨러(hand cooler)[4] 등을 들고 다녀야 했습니다. 여성이 남성과 춤출 때 손이 뜨겁거나 땀이 축축하면 매우 당황스러운 일로 여겨졌거든요. 챙겨야 할 것은 소지품만이 아니었습니다. 젊은 미혼 여성이 어딘가로 갈 때는 중년의 기혼 여성 보호자(chaperon)와 동행해야 하는 관습이 있었습니다. 그냥 조용히 따르는 것도 아니었습니다. 조금이라도 예법에 어긋날까 봐 매의 눈으로 지켜보며 일거수일투족 잔소리를 했겠지요. 무도회에 한번 가는 게 얼마나 번거롭고 까다로웠을지 상상이 되시나요?

장 베로(Jean George Beraud, 1849~1935)라는 화가가 무도회장의 풍경을 묘사한 그림을 보세요(그림 5). 젊은 여성들이 춤을 추다가 피아노 주변에서 한 줄로 앉아 쉬고 있는데 그 뒤로 은발의 미망인이 지키고 서 있지요. 그들 뒤엔 또 검은 양복의 노신사들이 서서 젊은이들의 행실을 감시하고 있습니다. 정면에서 부채를 들고 뒤돌아보는 여성을 볼까요? 바로 뒤에 앉은 남성과 이야기를 나누고 있으니 괜찮지만 만일 혼자서 저렇게 휙 돌아봤다간 행실이 올바르지 않다고 사람들이 수군댔을 것입니다. 물론 저 남성도 남편이 아니라면 너무 오래 앉아 있어서도 안 되지요.

---

[1] 향수를 담던 작은 금속병으로 남성이 춤을 청할 때 이를 받아들이면 포지 홀더에 꽃을 꽂아 손목에 묶었습니다.
[2] 치마가 더러워지지 말라고 치맛단을 올리는 기구로 끈이나 체인으로 만들어졌습니다.
[3] 춤의 순서, 특정 춤에서의 파트너 등을 기록한 카드를 담는 수납물입니다.
[4] 도자기나 대리석, 유리 등으로 만든 달걀 모양의 소품으로 악수할 때 손의 열기를 식히기 위해 들고 다녔습니다.

그림 5. 예법으로 가득한 무도회의 풍경

무도회를 둘러싼 온갖 규칙들이 얼마나 까다로웠을지, 그로 인한 구설수가 사람들을 얼마나 옥죄었을지 지금의 우리로선 짐작하기 어렵습니다. 소설《작은 아씨들》(1868~1869)의 한 장면을 떠올려봅시다. 새해 그믐의 무도회에 첫째 메그와 둘째 조가 초대를 받습니다. 하지만 덜렁대는 조의 드레스는 난로에 그을린

자국이 있는 데다 장갑마저도 더러웠습니다. 형편이 넉넉지 않은지라 새로 살 돈도, 수선할 시간도 없는 상황. 조가 "난 장갑 안 끼고 갈래"라고 하지만 메그는 "장갑은 다른 것보다도 훨씬 중요해. 장갑 없이는 춤도 못 추잖아. 네가 장갑을 안 끼면 난 너무 부끄러울 거야"라고 말하지요. 이렇듯 체면을 중시하지만 무도회에 너무 가고 싶은 메그는 꾀를 냈습니다. 사람들이 드레스의 얼룩을 보지 못하도록 조가 춤추지 않기로, 그리고 메그의 깨끗한 장갑을 나눠 끼고 조의 더러운 장갑은 다른 손에 들기로요. 춤출 때 파트너의 손을 잡는 쪽만 깨끗한 장갑을 끼면 된다니, 아주 기발한 아이디어지요. 둘은 인두로 머리를 말고(그러다 좀 태우고), 소박한 드레스를 장식하고, 꽉 끼는 구두를 신고, 손수건과 부채와 향수를 챙긴 후 무도회에 갑니다. 결국 메그는 높은 구두 때문에 발을 삐고, 조는 더러운 드레스를 더 더럽히지요. 메그와 조의 해프닝을 보면 체면을 유지하는 데 얼마나 많은 노력이 필요했을지 알 수 있습니다.

장갑 이야기가 나온 김에 더 해볼까요? 17세기의 댄싱 마스터 파브리티오 카로소(Fabritio Caroso, 1526~1600)는 장갑 때문에 꼴불견이 된 남성 이야기를 들려줍니다. 너무 꽉 끼는 장갑을 낀 탓에 여성에게 춤을 청하고도 '아베 마리아'보다도 긴 시간 동안 장갑을 벗지 못해 낑낑거리다가 이빨까지 동원한 것이죠. 여성을 너무 오래 기다리게 한 데다 장갑을 입에 물고 춤추다니 당황스러웠을 겁니다. 그러느라 망토까지 떨구죠. 남성에게 망토가 또 얼마나 중요한지를 생각하면 망토를 떨어뜨린 모습은 매우 꼴사나웠겠죠. 그러니 카로소는 제자에게 꽉 끼는 장갑보다는 헐렁한 장갑을 끼라고 충고합니다.

    이처럼 무도회는 춤 이상의 사교 활동이 일어나는 곳입니다. 여기엔 갖가지 크고 작은 예법이 얽혀 있습니다. 이러한 상황에서 예법에 어긋나지 않으면서도 매끄럽고 편안하게 행동하는 이는 자신의 혈통과 기품을 우아하게 드러냅니다. 하지만 그런 이는 드물겠지요. 아마도 모두가 자신을 다그치며 안달복달했을 것입니다. 그래서인지 20세기 들어 더 이상 복잡한 예법을 중요하게 여기지 않는 분위기가 형성됐습니다. 예법에 담긴 섬세한 의미를 알고 존중하는 이가 줄어들면서 그 중요성도 줄어들었습니다. 더 이상 사용하지 않는 사어(死語)가 돼버린 것이죠.

    사교춤에서 파생된 발레에는 예절 교육의 불씨가 살아 있습니다. 발레 클래스에서도 교사는 학생이 크고 작은 예절들을 몸에 익힐 때까지 반복시킵니다. 예절은 수업 전후에 레베랑스를 하는 걸로 해치우는 게 아닙니다. 교사가 시범을 보일 때 학생들은 모두가 교사를 볼 수 있는지, 혹시 자신이 뒤에 있는 사람들의 시야를 가리는 것은 아닌지 점검합니다. 센터워크에서는 각자 움직일 수 있는 공간을 확보하고 타인의 공간을 침범하지 않도록 주적하며 주화롭게 움직이는 법을 익힙니다. 공간을 가로지르며 이동하는 연습에서는 자신의 동작이 끝나고 꾸물대면 다음에 나오는 이들을 방해할 수 있기에 재빨리 빠져나가주는 법을 배웁니다. 파트너링은 어떨까요? 르네상스 시대의 댄싱 마스터들은 춤을 추기 전에 귀와 입, 얼굴을 잘 씻으라고 조언했습니다. 오늘날에도 타인과 춤을 출 때 몸을 청결하게 하고 움직임에 방해되지 않도록 옷차림을 정돈하는 건 기본입니다. 파트너

링에서 남성은 파트너를 쿵 떨어뜨리거나 홱 잡아채지 않도록, 여성은 남성에게 과도하게 의지하지 않도록 서로 배려하며 움직이는 법을 배웁니다.

오늘날처럼 개성과 파격을 권장하는 사회에선 예절은 고리타분한 것으로 느껴집니다. 실력과 경쟁이 중요하다 보니 예절은 뒷전으로 밀리기 쉽습니다. 하지만 예절은 화려하고 무거운 옷을 입고 춤추던 옛날 귀족들로부터 이어진 전통이자, 오늘날에도 여전히 중요한 기술입니다. 우리는 타인과 쾌적하게 공존하길 원하니까요.

1교시
예절

1589년 아르보 선생님의
바스 당스 수업[1]

친애하는 독자 여러분, 변호사 카프리올(Capriol)입니다. 오늘 무도회에서 젊은 남녀들이 밀어를 나누는 모습을 보니 저의 젊은 시절이 생각나더군요. 제가 파리와 오를레앙에서 유학하고 막 변호사가 됐을 때의 일입니다. 힘든 공부가 끝나고 변호사만 되면 승승장구할 줄 알았는데, 상류 사회에선 매너나 춤 실력이 중요하더군요. 성공의 문을 통과하기 위한 여권이라고나 할까요. 저도 고향인 랑그레(Langres)에서 춤을 좀 배웠었지만 영 흥미가 없었거든요. 파리 생활에 적응을 못 하던 중 고향에 머물 기회가 있었습니다. 그 김에 옛 스승님을 찾아가 춤을 다시 배웠습니다. 제 스승님인 아르보 선생님은 특이하게도 본업이 댄싱 마스터가 아니라 예수회 교구 목사이십니다. 예수회가 원래 춤을 높

---

[1] 본 장은 투아노 아르보의 《오케소그래피Orchésographie》(1588)의 내용을 바탕으로 재구성하되 역사적 기록을 첨가해 작성됐습니다. 춤 동작에 대한 설명은 아르보의 시대와 관점으로 제한하며, 모든 사교춤에 적용되지는 않습니다.

이 평가하고 적극 활용했다는 점을 상기하면 그리 놀랄 일은 아닙니다.

스승님의 본명은 예한 타보로(Jehan Tabourot, 1520~1595)이지만 저는 어렸을 때부터 그분을 아르보 선생님이라 불렀답니다. 투아노 아르보(Thoinot Arbeau)라는 이름이 본명의 철자를 바꾼 예명인 것은 나중에 알았지요. 아르보 선생님을 다시 뵌 날이 떠오릅니다.

카프리올   존경하는 스승님, 그간 안녕히 지내셨는지요?

아르보   오랜만이네. 어엿한 파리지앵이 됐군. 변호사 일은 어때? 많이 바쁘지?

카프리올   네, 아직은 초임이라 괜찮습니다. 그런데 일을 잘하는 것만큼이나 사교 능력도 중요하더군요. 이래저래 사교 모임이 많은데 제가 시골뜨기라 매끄럽게 행동하지 못하다 보니 수임에 어려움이 있습니다.

아르보   그래서 내가 공부도 중요하지만 신사의 운동인 펜싱과 테니스, 춤도 챙기라고 조언했던 걸세.

카프리올   펜싱과 테니스는 동료들과 즐기고 있습니다만 춤은 잘 모르겠습니다. 땀도 안 나고 운동도 별로 되지 않는데 규칙은 왜 그리 많은지요.

아르보   그렇게 생각하면 오산이네. 춤은 사회 지도층으로서 갖춰야 할 소양과 매너를 익히고 도덕적인 성정을 키워주는 활동이야. 내가 성경부터 온갖 현인들의 말을 예로 들어 설명하지 않았나? 현실적으로 생각해봐도 좋은 배우자를 만나려면 춤이 필수일세. 사람을 처음 만났을 때 그의 몸가짐, 인사, 매너를 통해 그 사람에 대해 많은 것을 알 수 있지. 게다가 말이야, 하늘을 봐야 별을 따지. 여성이 있는 곳에 가야 여성을 만날 것 아니겠나. 여성들은 테니스장이나 펜싱장엔 나타나지 않잖아.

카프리올 맞습니다. 테니스 치는 여성은 본 적이 없으니까요. 하지만 뭐, 말도 안 하는 춤으로 어찌 좋은 배우자감인지 파악할 수 있을까요? 멀찍이서 손이나 잡고 걷는 정도인데요.

아르보 자넨 센스가 없군. 무도회장에 말끔한 복장을 갖추고 참석하는 위생 관념, 춤을 청할 때 건네는 인사말과 제스처, 손을 잡고 춤 대형으로 갈 때의 걸음걸이와 자태, 동작과 순서를 정확히 외우는 지성과 기품 있게 이끄는 능숙함, 춤을 거절하거나 거절당할 때 무안하지 않게 분위기를 만드는 유머와 배려심, 이 모든 게 신사숙녀의 품격이지 않은가. 게다가 춤추고 나서 여성 손등에 키스는 뭐 하러 하는가? 그때야말로 서로의 체형을 가까이 관찰하고 체취나 입 냄새마저 맡을 수 있지 않은가. 팔다리는 멀쩡한지, 손이 축축하거나 뜨거운지, 몸에서 썩은 고기 냄새라도 나는지 그때 알 수 있다네.

카프리올 그래서 아가씨들이 향수를 열심히 바르는군요. 확실히 파리지앵들은 세련되게 농담을 하며 무도회장을 누비더라고요. 저도 여성들에게 좋은 인상을 남기고 싶은데 어떻게 해야 할까요? 무슨 동작을 연습해야 하나요?

아르보 춤을 추려면 우선 여성에게 춤을 청해야겠지. 무도회에선 남성이 여성에게 춤을 청해야 하거든. 그런데 자네가 어떻게 행동해야 그녀가 춤에 응할까? 다른 남성이 아닌 자네를 선택하려면 말이야. 일단 춤을 청하는 매너가 좋아야겠지? 느닷없이 나타나 춤을 청하면 여성이 당황할 수도 있으니 자네가 은근한 신호를 보내게. 그러면 그녀가 장갑이나 부채 등으로 의사를 표현할 거야.

카프리올   네? 장갑과 부채로 어떻게 말하지요?

아르보   수십 가지 방식으로 말할 수 있다네. 예를 들어 장갑을 꽉 구긴다면 거절하는 거고, 손수건을 오른뺨에 댄다면 좋다는 뜻이지.

카프리올   아이고, 오른쪽인지 왼쪽인지가 중요하나요?

아르보   그야 당연하지 않은가. 오른쪽은 '올바른(droite)' 쪽이고 왼쪽은 '어색한(gauche)' 쪽이니까.

카프리올   스승님도 젊었을 때 이런 연애 스킬을 다 알고 계셨나요?

아르보   물론이지. 내가 푸아티에(Poitiers)에서 유학할 때 거길 휩쓸었다니까. 아무튼 서로 눈빛 교환이 끝나면 이제 정식으로 춤을 청해야지. 여성에게 다가가 왼손으로 모자를 벗고 인사하며 춤을 청해야 하네. 잘 교육받은 여성이라면 왼손을 내밀어 응할 걸세.

카프리올   이번엔 왜 왼손인가요? 왼쪽이 어색한 쪽이라면서요?

아르보   왼손으로 모자를 벗어 한 바퀴 돌린 후 가슴 앞에 들고 인사해보게나. 심장과 가까운 쪽이니 진심으로 청한다는 정중함이 배어 있지. 그리고 오른손은 여성의 왼손을 잡고 춤을 춰야 하니까. 이제 그녀를 부드럽게 이끌고 무도회장의 가장자리로 와서 춤을 시작하는 거지. 물론 레베랑스부터.

카프리올 아, 레베랑스를 멋지게 하는 게 어려워요.

아르보 맞네, 모든 춤은 레베랑스로 시작해 끝나는 만큼 정중하게 해야 하지. 레베랑스는 '존경하다(révérer)'라는 동사에서 유래됐지. 한 발을 뒤로 뻗고 무릎을 굽혀 몸을 낮춤으로써 상대를 존경한다는 의미가 있네.

카프리올 그럼 어느 발을 뒤로 뻗어야 하나요? 오른발? 왼발?

아르보 사실 그게 말이야, 의견 차이가 좀 있네. 어떤 댄싱 마스터들은 오른발은 몸에 힘과 안정성을 주니까 오른발로 지탱해야 하고, 왼발은 심장에서 가까운 쪽이니 그를 존경한다는 의미에서 왼발을 뒤로 뻗는다고 하더라고. 또 스텝이 왼발부터 시작하니까 레베랑스도 왼발부터 해야 한다는 논리도 있고. 하지만 나는 오른발을 뒤로 뻗어야 여성 쪽으로 몸을 돌려 정중하게 쳐다볼 수 있다고 본 내 스승의 말이 더 일리 있다고 본다네.

그림 6. 아르보의 교본 《오케소그래피Orchésographie》 속 레베랑스 삽화

카프리올   매 동작마다 이렇게 규칙이 있고 이유가 있나요?

아르보   음, 신사 숙녀의 춤이 농민들의 춤과 다른 것은 이 정교한 규칙과 상징 때문인걸. 하여간 귀족 사회에선 모든 것이 사회적 약속이니 제대로 행하지 않는다면 창피당한다는 것만 기억하게. 자, 몸이 근질거릴 테니 이제 춤 좀 춰볼까? 무도회의 시작에 추는 바스 당스(basse danse)부터 한번 연습해보세. 요즘은 유행이 한물갔다고 여기지만 기품이 넘치는 장엄한 춤이지. 바스 당스의 기본 동작들은 알고 있지? 심플스텝(s), 더블스텝(d), 이중 심플스텝(ss), 브랑늘(b; branle), 회복(r; reprise), 그리고 레베랑스(R). 이 정도만 익혀두면 기보만 보고 바로 연습할 수 있지. 먼저 순서를 한번 외워보게나.

R b ss d r d r b ss ddd r d
r b ss d r b c

카프리올   어휴, 무슨 마법 주문 같네요. 춤마다 동작의 조합이 다르니 너무 헷갈려요.

아르보   춤을 잘 추려면 머리가 좋아야 해.

카프리올   R b ss d r d r b ss … 스승님, 입으로는 대충 외웠는데 이제 어떻게 익히나요?

아르보   춤은 춤으로 배워야지. 그러니까 춤을 처음부터 끝까지 반복하며 몸에 익히는 수밖에 없네. 내가 우선 작은 북을 치며 느린 템포로 춤을 보여줄 걸세. 기본 스텝과 동선을 제대로 익혀야 하네. 노래 가사가 있을 땐 가사를 외워도 도움이 된다네. 순서를 외운 후 보통 템포로 연습한다면 전체적인 구조를 파악하면서 춤출 수 있다네.

카프리올   그럼 손은 어떻게 해야 하나요?

아르보   손 동작은 다소 자유롭지. 바스 당스는 대형을 유지하는 게 중요하니 발 동작과 경로를 방해하지 않는 범위에서 우아하게 머리와 팔을 유지하면 된다네.

카프리올   이제 순서를 다 외웠어요! 그런데 왜 저는 스승님처럼 멋지지 않을까요?

아르보   박자에 맞춰 동작을 틀리지 않고 행하는 것도 중요하지만 춤은 그 이상이지. 춤을 잘 추려면 우선 음악의 특성과 멜로디를 익히고, 동작을 정확하고도 우아하게 행하고, 공간을 영리하게 활용해야 한다네. 특히 남성이 여성을 리드해 무도회장을 누비니까 어떤 방향으로 어떻게 갈 것인지 잘 계산해야 하고. 참, 뒷걸음질하면서 춤추는 콩베르송(conversion)도 알지?

카프리올   뒷걸음질로 간다고요?

아르보   무도회장이 북적여서 구석에 몰리면 좀 더 넓은 공간을 향해 여성을 리드하면서 자네는 뒤로 가야 하는 거야. 여성도 함께 뒤로 가다가 넘어지기라도 하면 둘 다 체면이 깎이니까 말이야. 남성이 뒤통수에 눈이 달린 것처럼 자연스럽게 이끌어야 하네.

카프리올   제 몸 하나 이끌기도 어려운데 말이죠.

아르보   걱정 말게. 바스 당스와 파반느(pavane)를 익히면 웬만한 춤들은 문제 없어. 춤마다 멜로디나 박자는 다르지만 기본적으로 마디 수가 같고 기본 동작을 응용하니까. 물론 여기에 더해 비규칙적인 동작들도 있지. 규칙적인 것만 하면 재미없으니까.

카프리올 기본만 익히는 것도 힘들어요. 스승님이 가르쳐주신 춤만 해도 바스 당스, 파반느, 브랑늘, 갈리아르(Galliard), 토디옹(Tordion), 라볼타(Lavolta), 꾸랑뜨(Coranto), 알망(Alman), 가보트(Gavotte) 등이 있는 데다, 이 각각에서 파생된 춤들이 있잖아요. 브랑늘은 수십 개라구요!

아르보 그러니까 춤을 잘 추는 이는 머리가 좋을 수밖에. 춤을 춘다는 건 만천하에 지능을 공개하는 셈이지.

카프리올 어휴, 변호사 시험보다도 더 힘드네요. 시험은 한번 합격하면 끝인데 춤은 새로운 유행으로 바뀌니까 계속 배워야 하잖아요.

아르보 기본 춤들을 잘 익혔으니 꾸준히 연습한다면 문제없을 거야. 자네 몸에 춤과 매너가 자연스럽게 배면 사회생활도, 개인의 삶도 편안해질 거야. 건투를 비네.

카프리올 스승님, 가르쳐주셔서 감사합니다.

친애하는 독자들이여. 저는 파리로 돌아가 잘 적응했습니다. 스승님 말씀대로 기본 춤들을 잘 익히고 여성들을 대하는 매너를 다듬었더니 평판이 좋아지더군요. 그 후 몇 해 지난 1589년, 아르보 스승님은 예순아홉 살의 나이로 돌아가셨습니다. 그런데 몇 달 후에 스승님의 춤 교본인 《오케소그래피Orchésographie》

(1589)가 출판됐다는 소식을 들었습니다. 스승님이 교본을 집필하신 줄도 몰랐었는데요!

사실 그 누구도 몰랐을 것입니다. 돌아가신 후 목사실의 서재를 정리하던 동네 출판업자가 원고 뭉치를 발견하고는 가족의 동의를 받아 출판했답니다. 그가 아니었다면 불쏘시개가 됐겠지요. 교본을 읽어보니 스승님과 제가 마치 소크라테스와 제자들처럼 대화를 나누더라고요. 역시 고전을 사랑하신 스승님답습니다.

그런데 시간이 지나자 궁금증이 생겼답니다. 왜 스승님은 무려 예순아홉 살에 이르러 젊은 시절에 췄던 춤에 대한 교본을 남겼을까요? 왜 교본을 완성하고도 차마 출판하지 않으셨을까요? 더욱이 왜 본명을 두고도 예명으로 쓰셨을까요? 혹시 목사가 춤에 정통한 게 창피하셨던 걸까요? 춤을 그토록 사랑하고 높게 평가하던 스승님이요.

이미 돌아가셨으니 알 길은 없습니다. 그저 추측해보자면 교회가 워낙 오랫동안 춤을 배척해왔으니 16세기 이후 춤에 관대해졌어도 여전히 미심쩍어하는 태도가 남아 있었기 때문이리라 생각해봅니다. 랑그레에서 대를 이어 예수회를 이끌어온 타보로 집안의 목사인 스승님이 다른 댄싱 마스터들처럼 교본을 출간할 수는 없었을 것입니다. 그저 몰래 쓴 교본에서 결혼식이나 종교축일에 춤을 금지하려는 개혁파 목사들에게 베이컨 없이 구운 염소고기 파이나 줘버리라며 비아냥거리시는 수밖에는요. 그러고 보면 출판을 동의해준 스승님의 가족들이 더 대단한지도 모르겠습니다. 좁은 동네에서 괜히 이러쿵저러쿵 남의 입에 오르내릴 수도 있었을 테니까요.

친애하는 독자들이여. 제가 젊은 시절에 레베랑스의 규칙에 대해 불평했던 것을 기억하시는지요? 저는 고작해야 오른발이냐 왼발이냐 정도로 투덜댔습니다만 이제는 규칙이 복잡하기가 이루 말할 수 없습니다. 최근에 이탈리아 댄싱 마스터인 파브리티오 카로소가 쓴 교본인 《귀족부인Nobilità de Dame》(1600)을 보니 춤 스텝에 대한 규칙뿐만 아니라 에티켓에 대한 규칙을 무려 24개나 써놨더라니까요. 의자에 앉을 땐 어떻게 하고, 옷은 어떻게 입고, 무도회를 떠날 때는 어떻게 하는지 등을 세세하게 써둔 걸 보니 숨 막히더군요. 남성뿐만 아니라 여성들도 읽도록 쓴 것은 획기적이었습니다만 귀족 사회가 갈수록 아주 사소한 행동으로 서로를 판단하고 경쟁하는 것 같아 아쉽기도 합니다.

그러고 보면 아르보 스승님의 교본은 유명 댄싱 마스터들의 세련된 교본에 비해 좀 소박하긴 해도 춤이 실용적인 효용을 넘어 정신적 가치를 담고 있는 문화적 산물이라고 주장하는 귀한 자료라 할 수 있습니다. 참, 저는 실존 인물이 아니라 스승님이 상상으로 만들어낸 제자입니다. 어쩌면 저는 젊은 시절의 예한 타보로인지도 모르겠습니다.

당신의 충직한 벗으로부터,
카프리올

제2장

체계와 제도

춤을
너무 잘 추는 왕

만 네 살에 아버지를 여의고 가장이 된 소년이 있었습니다. 외국인 이민자였던 어머니, 그리고 역시 외국인이자 어머니의 애인이었던 스승이 실질적 가장으로서 집안을 이끌어나갔습니다. 소년의 삶은 순탄치 않았습니다. 어머니와 애인의 방식에 불만이 많았던 친척들이 불만을 터뜨리고 위협한 탓에 이리저리 도망 다녀야 했습니다. 집에서 쫓겨나고, 몰래 빠져나오고, 심지어 방랑자처럼 이곳저곳을 전전했습니다. 그는 춥고 배고프고 처량하고 모욕감을 느꼈습니다.

어느 날 한밤중의 일입니다. 위협을 느낀 소년과 어머니는 몰래 도망가려 했습니다. 그러나 낌새를 알아챈 친척들이 쳐들어왔습니다. 어머니는 다급한 목소리로 소년에게 어서 침대에 누워 자는 척하라고 했습니다. 성난 사람들이 횃불을 들고 방에 들어왔을 때 침대엔 소년이 잠옷 바람으로 널브러져 자고 있었습니다. 사람들은 조용히 물러났습니다. 어쨌든 소년은 가장이었고, 그리고 너무나 아름다웠으니까요.

하얀 얼굴에 붉은 뺨, 커다란 눈과 길고 구불구불한 금발머리. 아름다운 소년은 건강하고 지적인 청년으로 자랐습니다. 날씬하고 탄탄한 몸, 여전히 아름다운 금발머리, 그리고 누구보다도 체력이 좋고 사격 솜씨와 춤 솜씨가 좋았습니다. 사람들은 우아하고 세련된 그들의 가장을 흠모했지만 그는 잊지 않았습니다. 이들이 언제든 자신을 위협할 수 있다는 걸요. 그는 사람들로부터 자신을 보호하기 위해 완벽하고 거대한 존재가 되고 싶었습니다. 부엉이를 흉내 내는 가냘픈 호랑나비처럼요.

소년은 훗날 루이 14세가 됩니다. 루이 14세(1638~1715)를 이야기할 때면 '전제 군주'나 '태양왕'을 떠올립니다. 하지만 위풍당당하고 강력한 왕 안엔 두려움에 떨고 있는 소년이 숨어 있었습니다. 아버지 루이 13세가 일찍 죽자 만 네 살에 왕이 됐지요. 어리고 힘없는 왕을 대신해 오스트리아 출신의 어머니 안(Anne d'Autriche, 1601~1666) 여왕과 이탈리아 출신의 마자랭(Jules Raymond Mazarin, 1602~1661) 재상이 위임 통치했습니다. 그러나 무거운 세금 정책에 귀족들이 반란을 일으켰습니다. 어린 시절 프롱드의 난(La Fronde, 1648~1653)을 겪은 트라우마는 루이 14세를 이해하는 중요한 열쇠입니다. 그의 모든 업적은 언제든 자신을 향해 횃불을 들이댈 수 있는 귀족들을 억누르고 자신을, 왕권을, 나아가 프랑스를 강력한 존재로 만들고자 하는 욕구에서 출발했기 때문입니다.

루이 14세는 춤을 사랑한 왕으로 유명합니다. 여섯 살 때 춤 수업을 시작했지요. 그를 춤으로 이끈 사람은 마자랭 재상이었

그림 1. 10세 경의 루이 14세

습니다. 이탈리아인인 마자랭은 카트린 드 메디시스(Catherine de Médicis, 1519~1589)가 그러했듯 이탈리아에서 프랑스로 올 때 댄싱 마스터 겸 바이올린 연주가를 데려왔습니다. 루이 14세의 궁정에서 활약하며 훗날 왕립 음악 학교의 원장이 된 장 밥티스트 륄리(Jean Baptiste Lully, 1632~1687)입니다. 문화 예술이 지닌 힘을 알았던 마자랭은 어린 왕이 춤을 배우게끔 적극적으로 지원했습니다.

루이 14세는 30여 년간 매일 오전 춤 연습을 하며 보냈습니다. 그뿐만 아니라 승마, 펜싱, 사격, 무기 훈련 등에 몰두하며 몸을 단련했습니다. 왜 그리 열심히 몸을 단련했을까요? 정치적 기반이 불안정했던 그는 몸에 밴 강인함과 우아함이 지닌 힘을 알고 있었습니다. 그 옛날 반란을 일으켰던 귀족들이 아름다운 소년 왕 앞에서 숨죽이고 물러났듯, 왕의 강하고 아름다운 몸이 귀족들을 제압한다는 것을요. 발레는 그에게 자신을 보호하는 방패이자 무기였던 셈입니다.

루이 14세는 매우 진지하게 춤을 배웠습니다. 여기에 남성 귀족들도 열심히 동참했습니다. 왕과 함께 춤추는 것은 대단한 특권이었으므로 귀족들은 왕의 춤 수업에 참여하고 싶어 했습니다. 여러 춤 중에서도 루이 14세가 가장 좋아했던 춤은 꾸랑뜨(courante)입니다. 꾸랑뜨는 복잡한 리듬에 맞춰 장중하고 기품 있게 추는 이인무입니다. 루이 14세는 그 누구보다도 이 춤을 잘 추었다고 하죠.

루이 14세가 평생 몸에 익힌 춤 수업의 흔적은 1701년 이아생트 리고(Hyacinthe Rigaud, 1659~1743)가 그린 초상화에 고스란히 남아 있습니다(그림 2). 이제 예순세 살이 된 왕이 위풍당당한 자세로 서 있습니다. 두툼한 붉은 색 커튼, 털이 한 올 한 올 느껴지는 모피 망토, 슬쩍 보이는 황금색 검, 그리고 왕족만 신을 수 있던 붉은 굽의 구두가 왕의 부와 권력을 과시하고 있습니다.

하지만 값비싼 장식품보다도 중요한 것은 몸에 밴 기품과 우아함입니다. 루이 14세는 몸통을 사선으로 향하면서도 얼굴은 정면을 바라보며 왼발과 오른팔을 내밀었습니다. 당시에는 이처럼 몸통이 꼬이고 팔다리가 엇갈리게 확장된 자세가 귀족적이라 여겨졌습니다. 왕은 오랜 춤 수업과 운동으로 다져진 곧은 다리와 근육질의 종아리를 자랑스러워했습니다. 눈치 빠른 화가

그림 2. 노년의 루이 14세

가 살집 있는 상체는 화려한 망토로 가리고 매끈한 다리는 흰 스타킹으로 강조했네요.

　　발을 잘 보세요. 발끝이 바깥으로 외전(turn out)돼 있지요. 르네상스 시대부터 귀족들은 외전된 발을 '바른' 자세, 혹은 '고귀한' 자세라 여겼습니다. 반면 나란히 놓은 발은 초라하고 볼품없는 자세라 여겼습니다. 그런데 왼발이 오른발 앞에 겹쳐지고, 편안하게 한쪽 무릎을 구부리는 대신 두 다리를 쭉 뻗고 몸무게를 동등하게 배분하며, 발끝이 확실하게 45도씩 외전돼 있습니다. 이는 그가 그저 자연스럽게 서 있는 것이 아니라 춤의 다섯 가지 발 자세 중 4번 자세를 하고 있음을 의미합니다. 1, 3, 5번 자세가 발뒤꿈치를 모아서 서는 자세라면 2번과 4번 자세는 두 뒤꿈치가 열린 자세입니다. 특히 4번 자세는 발이 앞뒤로 겹쳐지면서 편안하면서도 위풍당당한 귀족성을 상징했습니다. 나이 든 왕의 몸에 밴 우아한 자세는 그가 얼마나 춤을 진지하게 익혔는지 증명해줍니다.

루이 14세의 춤 실력은 대단했습니다. 무도회에서 사교춤을 유독 잘 췄을 뿐만 아니라 무대 작품에서 무용수로 활약했습니다. 열두 살 때 궁정 발레 〈카산드르의 발레 Ballet de Cassandre〉(1651)로 데뷔하고, 2년 후인 1653년 〈밤의 발레 Ballet Royal de la Nuit〉에서 떠오르는 태양 역을 비롯해 6개의 배역을 맡아 전 유럽에서 명성을 떨칩니다. 태양은 아버지인 루이 13세도 맡았던 역할입니다만 특히 이 작품을 통해 어둠을 내몰고 떠오르는 태양처럼 이제 프랑스를 이끌어갈 군주임을 표방했습니다. 그는 22년간 무대에서 활동하며 25편의 작품에서 70개의 역할을 맡았습니다. 이 정도면 베테랑 무용수라 할 수 있지요.

춤을 사랑하는 왕이자 베테랑 무용수였던 루이 14세. 그런데 어떻게 한 사람이 춤을 사랑하는 왕이자 베테랑 무용수일 수 있을까요? 그의 이중적이고 심지어 모순적인 정체성은 발레의 역사에서 중요한 갈림길을 드러냅니다. 춤에서 아마추어의 영역과 전문 무용수의 영역이 분화되는 지점이기 때문입니다.

바로크 시대엔 '하는 춤'과 '보는 춤'이 분화됐습니다. '벨 당스(belle danse: 아름다운 춤이라는 뜻)'가 '하는 춤', 즉 무도회에서 귀족들이 추던 사교춤이라면 '궁정 발레(ballet de cour)'는 '보는 춤', 즉 무대 위에서 공연되는 작품 형식입니다. 궁정 발레는 르네상스 이탈리아의 궁정 여흥이 프랑스에 이식돼 이어져온 화려한 볼거리로서, 무대 장치와 의상, 음악, 시, 알레고리, 춤이 결합됐습니다. '발레'라는 단어가 들어가지만 우리가 아는 발레와는 상당히 다른 종합 예술로, 귀족들과 일부 전문 무용수들이 직접 출연했습니다.

벨 당스와 궁정 발레는 모두 귀족들의 문화였습니다. 비슷한 춤 어휘와 형식을 사용했고, 왕과 귀족들을 중심으로 일부 댄싱 마스터가 합류해 행했으며, 상류층끼리 즐기고 동질감을 쌓았습니다. 그럼에도 불구하고 궁정 발레는 궁극적인 목적이 참여가 아니라 감상이라는 점에서 벨 당스와 달랐습니다. 다시 말해 작품으로서의 완성도가 중요해진 것이지요. 춤을 사랑했던 왕 치하에서 춤의 수준이 점점 높아짐에 따라 그 차이는 더욱 벌어집니다. 벨 당스도 어려워졌으니 궁정 발레의 춤이 어려워진 것은 당연하겠지요. 무대는 점차 아마추어 귀족보다 평민 계층의 전문 무용수들로 채워지기 시작했습니다. 그리고 그 전환점은 머지않아 찾아옵니다.

루이 14세는 30대로 접어들면서 급격히 살이 쪘습니다. 천하의 프랑스 왕도 신진대사의 법칙만은 피해갈 수 없었나 봅니다. 한 목격담에 따르면 왕이 한 끼에 각기 다른 스프 네 그릇, 꿩 한 마리, 메추라기 한 마리, 샐러드 큰 접시, 두 장의 햄, 양고기 한 덩이, 페이스트리 한 접시, 그리고 과일과 삶은 계란까지 게걸스레 소화했다고 하니까요.[1] 몸이 불어난 왕은 높이 뛸 수 없었습니다. 귀족들의 서툰 춤 실력에 답답해하던 그였지만, 이젠 앙트르샤 꺄트르(entrechat quatre)[2] 동작도 행하기 어려워졌습니다. 일설에 따르면 둔해진 그를 위해 한 번 반만 교차하고 내려오는 로열(royale) 동작이 만들어졌다고 합니다. 앙트르샤 동작은 발을 몇 번 교차하느냐에 따라 앙트르샤 트로와(entrechat trois: 한 번 반), 앙트르샤 꺄트르(두 번), 앙트르샤 쌩크(entrechat cinq: 두 번 반), 앙트르샤 씨스(entrechat six: 세 번) 등으로 체계적으로 정리가 돼 있습니다. 그런데 다리를 한 번만 교차하는 기초 동작인 샹쥬망(changement)과 거의 동일하면서도 생뚱맞게 무려 '로열'이라는 이름의 동작이 나타났으니 왕을 특별 대우 해줬다는 가설이 그럴 듯해 보입니다.

춤을 잘 추는 왕 밑에서 귀족들은 앞다투어 춤을 진지하게 배우고 직접 무대에 올라 춤췄습니다. 하지만 그 시절은 길지 않았습니다. 자신이 높여놓은 기준에서 멀어진 왕은 무대에서 내려왔고 왕에게 잘 보이려 춤을 췄던 귀족들도 뒤이어 내려왔습니다. 아마추어의 시대가 저물고 전문 무용수의 시대가 시작됐습니다. 우리가 아는 발레의 시대가 열린 것입니다.

---

[1] Christian Guy(1962). *An Illustrated History of French Cuisine*, trans. Elisabeth Abbott. Bramhall House:New York, pp.63-66.
[2] 앙트르샤 꺄트르는 5번 자세에서 뛰어올라 다리를 앞뒤로 두 번 교차한 후 원래의 자세로 착지하는 동작입니다.

표준어가 된 춤

1661년 루이 14세는 프랑스 의회에 왕립 무용 아카데미 설립을 청원해 의회로부터 인정을 받습니다. 이렇게 설립된 왕립 무용 아카데미(Académie Royale de Danse)는 세계 최초로 국가의 공인을 받은 무용 아카데미입니다. 루이 14세는 재임 기간 동안 문학(1663), 과학(1666), 오페라(1669), 건축(1671)을 포함해 다섯 개의 아카데미를 설립하는데 그중에서도 무용 아카데미를 제일 먼저 설립했습니다.

무용 아카데미를 설립할 당시 루이 14세는 스물세 살이었습니다. 사실상 왕 역할을 대신 해주던 마자랭 재상이 죽은 해입니다. 드디어 홀로 서게 된 젊은 왕이 자신의 입지를 다지기 위한 초기 작업으로 무용 아카데미를 세우다니, 단순히 춤 애호가의 사심 있는 지원이 아님을 짐작할 수 있습니다.

왕립 무용 아카데미는 학교가 아닙니다. 여기서의 '아카데미'는 오늘날의 연구소에 가깝습니다. '오스카'라 불리는 미국의 아카데미상을 들어보셨지요? 영화계 관계자들이 회원인 영화예술 과학 아카데미(AMPAS)가 수여하는 상입니다. 이처럼 왕립 무용 아카데미는 무용계에서 권위 있는 자들이 모여 연구하고 토론하며 춤의 발전을 도모하는 연구 단체였습니다.

루이 14세는 춤이 귀족 사회의 교양으로서 가지는 가치를 믿는 군주였습니다. 연구소의 설립에는 당시 춤의 수준을 끌어올리기 위한 목적뿐만 아니라 문화적 패권을 차지하기 위한 목적도 있었습니다. 그는 프랑스를 신흥 문화 강국으로 만들어 전통적인 문화 강국인 이탈리아와 경쟁하고자 했습니다. 미술이나 오페라, 요리에서처럼 춤 역시 이탈리아의 명성이 높았기 때문에 프랑스가 우위를 차지하기 위해 국가적 차원에서 전폭적으로 지원한 것입니다. 오늘날 국가 지도자의 역할도 이와 비슷하겠지요.

왕립 무용 아카데미의 회원은 열세 명의 댄싱 마스터로 구성됐고 왕의 댄싱 마스터가 원장이 됐습니다. 루이 14세는 그들에게 왕실 칭호를 내려주고 세금도 면제해줬습니다. 무거운 세금 때문에 프롱드의 난이 일어났음을 기억한다면 면세가 얼마나 대단한 혜택이었는지 짐작할 수 있습니다.

아카데미 회원들은 만나서 뭘 했을까요? 그들은 매주 토요일마다 만나 열띤 토론을 벌였습니다. 루브르 궁전의 방을 사용할 권리가 있었지만 목검(L'Épee de Bois)이라는 선술집에서 더 자주 모였습니다. 선술집에서 모였다고 하니 술자리에서 수다나 떠는 친목 모임쯤으로 여길지 모릅니다. 게다가 아쉽게도 프랑스 혁명을 거치면서 자료가 거의 남아 있지 않기에 원로들이 특

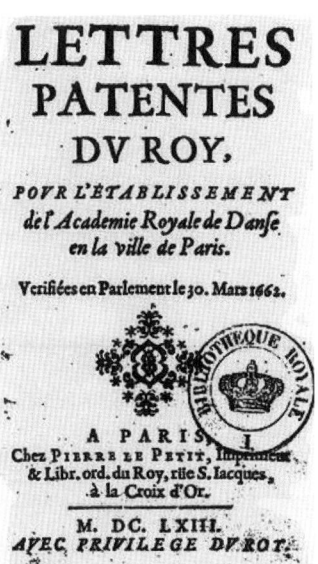

그림 3. 왕립 무용 아카데미의 설립 허가서

권을 유지하기 위한 이익 단체가 아니었냐는 시선도 있습니다.

하지만 그들은 젊고 의욕적인 댄싱 마스터들이었고, 그들의 목표는 전통의 고수나 기득권 유지가 아니라 혁신과 상상력이었습니다. 왕립 무용 아카데미가 혁신의 허브였다고 말하니 좀 어색하게 들릴 수 있습니다. 오늘날의 발레가 아카데미가 체계화한 온갖 규칙과 원리들로 점철된 당스데꼴(danse d'école)에 기반하고 있으니까요. 하지만 그 규칙들이 체계화됐을 당시로서는 기존에 없던 혁신적인 아이디어였다는 점을 기억해야 합니다.

아카데미 설립 이전의 댄싱 마스터들은 오랫동안 바이올린 연주자 조합(minstrel guild)에 소속돼 규제를 받아왔습니다. 그러던 중 루이 14세의 도움으로 독립하게 되자 춤의 미래와 가능성을 자유롭게 상상하기 시작한 것입니다. 자연스럽게 그들의 목표는 '춤 테크닉에서 새로운 방향을 탐색하고 그들의 아버지 및 다른 댄싱 마스터의 성취를 넘어서는 것'이었습니다. 그러니 선술집의 모임은 원로의 잡담이 아니라 끝없는 토론을 통해 무한한 상상력을 펼치려는 실리콘 밸리의 IT 혁신가들의 그것과 닮았습니다.

아카데미가 이룩한 가시적인 성과를 볼까요?

첫째, 아카데미는 춤의 테크닉을 체계화하고 발전시켰습니다. 대표적인 사례가 오늘날까지도 전해지는 발레의 다섯 가지 발 자세입니다. 발레 클래스를 시작할 때 1번부터 5번까지의 발 자세를 배웠을 겁니다. 바로 왕의 춤 선생님이자 아카데미 회원이었던 피에르 보샹(Pierre Beauchamp, 1631~1705)이 정리한 것입니다. 또한 아카데미는 기본 움직임과 보편적인 규칙을 정하고 덩어리로 뭉뚱그려졌던 움직임을 최소 단위 동작으로 분석하고 명명하고 체계화합니다.

그림 4. 라모의 《댄싱 마스터》에 삽입된 다섯 가지 기본 발 자세

모든 춤은 구부리기(plier), 올라가기(élever), 도약하기(sauter), 뛰어올라 발 부딪히기(cabrioler), 떨어지기(tomber), 미끄러지기(glisser), 돌기(tourner)라는 일곱 가지 기본 움직임으로 분류됐습니다. 이후에 발레가 변화하면서 짚기와 껑충 뛰기가 빠지고 펴기(étandre)와 돌진하기(élancer)가 포함됐지만 큰 틀은 변함없습니다. 동작들은 레고 블록처럼 쪼개지거나 확장되거나 반복됐으며, 다른 동작과 무한히 새로운 방식으로 결합될 수 있었습니다. 회전은 1/4턴, 1/2턴, 3/4턴, 한 바퀴 턴으로 구분됐고, 공중에서 다리를 부딪치는 횟수, 점프의 높이 등에 따라 체계적으로 정리됐습니다. 모든 움직임을 꿰뚫는 원리를 정비하고 완벽하게 정리하려는 아카데미의 야심이 잘 드러나는 대목입니다.

그 결과 유럽의 각 지역에서 유래된 춤들이 하나의 틀 안에서 통합됐습니다. 미뉴에트, 지그(gigue), 알르망드(allemande), 꾸랑뜨(courante) 등 당대의 춤들을 움직임의 형태소로 분해해 공통적 토대를 마련했습니다. 예를 들어 예전엔 춤 전체나 일련의 움직임 구절(phrase)을 통째로 다뤘다면 이제는 자음, 모음의 단위로 분해해버린 것이지요. 그리고 곱게 갈아낸 반죽으로 하나의 언어를 빚어냈습니다. 아카데미가 정리한 발레의 테크닉 체계는 오늘날까지 이어집니다. 여러분이 춤출 때 활용하는 발레 테크닉의 뼈대가 여기서 비롯된 것입니다. 오늘날 발레 용어가 불어인 이유도 왕립 무용 아카데미가 지역적 관습을 뛰어넘는 보편적인 체계로 춤을 재편했기 때문입니다.

둘째, 아카데미는 교수법을 발전시켰습니다. 루이 14세는 귀족들의 춤 실력이 형편없어 궁정 발레에서 같이 공연할 무용수를 찾기가 너무 힘들다고 푸념하면서 무용수의 수준을 끌어올리라 명했습니다. 이에 아카데미는 춤 테크닉과 교수법의 기준을 세우고 댄싱 마스터들을 훈련시켰습니다. 당시 파리에만 200명이 넘는 댄싱 마스터가 있었다고 합니다. 그들도 아카데미에 와서 시험을 봐야만 교사 자격증을 갱신할 수 있게 된 것입니다. 시험에 응하지 않거나 아카데미의 규정에서 어긋나면 벌금을 물었다고 합니다. 이처럼 교육 수준을 향상시키고 유지하려는 강제적인 정책으로 인해 춤의 테크닉이 비약적으로 발전했습니다.

셋째, 아카데미는 춤 기보법(記譜法)을 만들었습니다. 르네상스 이래 다수의 춤 교본이 발간됐지만 악보와 같은 보편적인 기보는 없었습니다. 이에 루이 14세는 아카데미 회원들에게 "춤을 종이 위에서 이해하게 만들 방법을 발명하라"라고 명했고, 앙드레 로랭(André Lorin), 장 파비에(Jean Favier), 그리고 피에르 보샹이 각각 기보법을 발명했습니다. 그중 보샹이 개발한 기보법이 가장 널리 쓰였습니다.[1]

루이 14세의 왕립 무용 아카데미는 여러모로 세종대왕의 집현전을 연상케 합니다. 세종대왕도 형인 양녕대군 대신 왕이 된 데다 아버지인 태종이 계속 국정에 관여했기에 집권 당시 정치적 입지가 약했습니다. 이런 상황에서 그는 집현전을 설치해 학자를 직접 발탁했으며 여러 혜택을 주면서 연구를 지원했습니

---

[1] 보샹의 제자인 라울-외제 퓌이예(Raoul-Auger Feuillet)가 1700년 《코레그래피, 혹은 춤을 쓰는 기술Chorégraphie: ou l'art de décrire la danse》이라는 무보법 해설서를 출간했으나 보샹이 표절 소송을 제기했고, 보샹의 영향을 인정해 오늘날에는 보샹-퓌이예 기보법이라 불립니다.

다. 학문을 통해 자신의 정치적 입지를 확보하고 나아가 나라를 발전시키려 한 점에서 루이 14세와 통합니다.

게다가 세종대왕과 루이 14세 모두 표기법을 만들었습니다. 세종대왕은 훈민정음을 직접 고안해 배포했고, 루이 14세는 아카데미 학자들을 독려해 기보법을 만들었습니다. 명석한 두 왕은 학문을 통해 정치를 할 줄 알았습니다. 우선 세종대왕부터 볼까요? 훈민정음 해례본에서 '나랏·말:쓰미·'로 시작하는 어제 서문(御製序文)은 세종대왕이 친히 창제 목적을 밝힌 글입니다.

> 나라의 말이 중국과 달라 문자(한자)로 서로 통하지 아니하여서 이런 까닭으로 어리석은 백성이 말하고자 하는 바가 있어도 마침내 제 뜻을 능히 펴지 못하는 사람이 많다.
> 내가 이를 위하여 가엾이 여겨 새로 스물여덟 자를 만드니 사람마다 하여금 쉬이 익혀 날마다 씀에 편안하게 하고자 할 따름이다.

두 문장에 불과하지만 연구의 배경과 필요성, 연구 요약, 결과 및 예상 효과가 다 들어 있다는 점에서 잘 쓴 논문 초록이라고도 일컬어집니다.

한편 루이 14세가 쓴 청원서는 춤의 중요성, 현황과 문제점, 그리고 개선 방안 및 제안을 담았다는 점에서 잘 정리된 사업 제안서라 할 수 있습니다.

> 춤은 몸을 훈련하는 데 고귀하고 필수적인 방법으로서 전쟁 시 무기를 사용하는 귀족들에게 기초적인 훈련이자 평화 시 궁정

> 발레를 행할 때도 필수적이다.
> 그러나 무질서와 혼동, 남용으로 인해 춤의 가능성이 위축되어 제대로 행하는 사람이 적으며 발레에서 공연할 이는 더욱 적다. 이에 춤을 완벽의 수준으로 끌어올리기 위해 아카데미를 설립하고 열세 명의 댄싱 마스터를 회원으로 임명하여 법규와 규칙을 제정하고자 한다.

그런데 자세히 읽어보면 세종대왕과 루이 14세는 서로 반대 방향을 바라보고 있습니다. 세종대왕의 경우 훈민정음을 창제한 목적이 힘없는 백성을 향하고 있습니다. 한자가 특권층의 언어였기에 백성이 쉽게 쓸 글자를 만든 것이지요. 신하나 학자들 몰래 연구한 탓에 세종대왕의 생각을 이후에 알게 된 집현전의 책임자인 최만리가 한글 창제를 반대하는 상소문을 올릴 정도였습니다. 하지만 세종대왕은 사대의 논리를 중시하는 신하들의 반대를 무릅쓰고 한글을 반포했습니다.

반면 루이 14세는 귀족을 위해 춤을 연구한다는 목적을 명백히 밝히고 있습니다. 귀족들이 참여하는 궁정 발레 공연과 전쟁 시 귀족들이 행하는 무기술 연마에 춤이 필요하다는 것이 주요 명분이었습니다. 이를 통해 귀족의 특권과 정체성을 더욱 공고히 하려 했습니다. 세종대왕이 특권층의 언어에 맞서 피지배층에게 언어를 주려 했다면, 루이 14세는 특권층의 몸 언어를 강화해 결국 왕권으로 수렴시키려 했으니까요.

종합해봅시다. 루이 14세는 궁정 발레에서 함께 공연할 귀족 무용수의 수준을 높이고자 왕립 무용 아카데미를 설립했습니다. 그 결과 춤의 테크닉과 교수법이 체계화되고 성문화됐습니다. 그런데 묘하게도 아카데미가 설립된 지 불과 몇 년 후에는 춤의 수준이 너무 높아져서 더 이상 아마추어 귀족들이 춤을 출 수 없게 됐습니다. 심지어 루이 14세가 공연을 그만두자 귀족들도 그만두면서 무대엔 전문 무용수들만 남게 됐습니다. 바야흐로 전문 무용수의 시대가 시작된 것입니다. 귀족들이 퇴장하면서 여성 전문 무용수가 등장한 것은 씁쓸합니다. 춤의 사회적 지위가 하락하면서 여성의 영역으로 여겨지기 시작했으니까요.

그런데 왕립 무용 아카데미가 이룬 성취의 이면에는 어둠이 있습니다. 개인의 목소리나 기존의 질서를 무자비하게 지워버리는 권력을 통해 춤의 비약적 발전을 이뤘다는 점 때문입니다. 앞서 당시 활동하던 댄싱 마스터들이 별안간 아카데미의 시험을 통해 교사 자격증을 갱신해야 했다고 말했었죠. 댄싱 마스터뿐만 아니라 파리시의 모든 무용수들도 아카데미에 명부를 등록해야 했습니다. 등록되지 않은, 그러니까 합법화되지 않은 이들은 발언권을 빼앗겼습니다. 또한 아카데미는 순수한 춤이 무엇인지 규정하고 춤의 원칙을 세웠으며, 어떤 사상이 어떤 방식으로 표현돼야 하는지 세세하게 규정했습니다. 나아가 사교춤이든 무대 춤이든 새롭게 안무되는 춤이라면 아카데미에서 예술성을 평가받아 과반수의 찬성을 얻어야만 발표할 수 있도록 했습니다. 작품의 특성이나 개인의 활동에서 엄청난 검열과 통제가 이루어진 것입니다.

왕립 무용 아카데미는 춤의 표준어를 만들었습니다. 미뉴에트, 지그, 알르망드, 꾸랑뜨, 파스피에… 지역적 색채를 담은 당대의 사교춤 명칭이지만 지금은 발레 무용수보다는 음악가들에게 익숙한 용어가 됐습니다. 춤이 모두 해체돼 하나의 체계로 통일됐기 때문입니다. 표준어는 논리적이고 체계적이지만 단조롭고 폭력적입니다. 개인과 지역의 흔적을 지우고 매끈하게 닦은 땅 위에서 우리가 춤춘다는 사실을 기억해야 합니다.

2교시

체계

1704년
보샹 선생님 별장에서의
미뉴에트 수업[1]

어서 오십시오! 제가 발레 마스터 피에르 보샹입니다.[2] 누벨 프랑스 지구(오늘날의 몽마르뜨 지역)에 있는 제 별장까지 찾아와주셔서 감사합니다. 시내에도 제 집이 있지만 파리 오페라에서 은퇴한 이후로는 주로 이곳에서 지낸답니다. 이곳엔 와인 저장고와 부티크, 다락, 정원을 만들어놔서 더욱 편하더라고요. 참, 제가 그림 좋아하는 것 아시지요? 라파엘로, 푸생, 조르조네 등의 그림을 수집해놨으니 와인 한잔 하며 구경하십시다.

그림보다도 제 인생이 궁금하시다고요? 다들 '왕의 발레 선생'으로만 아는데 제가 어떤 삶을 살아왔는지 물어봐주시니 뜻

---

[1] 본 장은 존 파월(John S. Powell)의 논문 〈피에르 보샹, 몰리에르의 왕실 극단 안무가Pierre Beauchamps, Choreographer to Molière's Troupe Du Roy〉(1995)를 중심으로 역사적 기록을 첨가해 재구성했습니다. 미뉴에트에 대한 설명은 웬디 힐턴(Wendy Hilton)의 저서 《궁정과 극장의 춤: 프랑스 귀족의 양식, 1690~1725》(1991)을 바탕으로 재구성했습니다.

[2] 피에르 보샹의 출생 연도는 정확하지 않아 1631년부터 1636년까지 다양하게 일컬어집니다. 이 글은 무용학자 Régine Astier, Dorothy Pearce, John S. Powell 등의 논문에 근거하여 1631년으로 판단하고 서술했습니다.

밖이군요. 저는 바이올린 연주자 및 댄싱 마스터로 유명한 보샹 가문에서 태어났습니다. 루이 13세의 왕실 오케스트라에서 바이올린을 맡으셨던 제 할아버지와 삼촌을 비롯해 무려 40여 명의 연주자 및 댄싱 마스터를 배출한 집안입니다. 저도 아버지처럼 바이올린 연주자 겸 댄싱 마스터로서 궁에 입성했지요.

제가 열일곱 살 때쯤 처음 공연했던 궁정 발레가 생각납니다. 〈그리스도 수난기의 방탕의 발레Ballet du dérèglement des passions〉(1648)라는 작품에서 프로메테우스의 불 덕분에 살아나는 동상 역할을 했었지요. 이때 두각을 나타낸 덕에 일이 넌 후 루이 14세께 춤을 가르치게 됐습니다. 그때 폐하는 열한 살이셨습니다. 아직은 뛰어놀아도 될 어린 폐하가 이를 악물고 반복 연습하던 모습이 얼마나 짠하던지요. 이렇게 말하면 무엄하지만 폐하보다 일곱 살 많았던 저는 폐하를 막냇동생처럼 아끼며 열심히 가르치고 함께 연습했습니다.

3년간 노력한 결과 폐하께서는 열네 살이 되던 1653년 2월에 〈밤의 발레〉에서 태양 역할을 맡게 됐습니다. 〈밤의 발레〉는 마자랭 재상이 야심차게 만든 공연으로 무려 45개의 다양한 춤이 등장하고 최신 무대 장치가 사용됐지요. 폐하께서는 황금색으로 번쩍이는 의상을 입고 명예, 우아함, 사랑, 용기, 승리, 선의, 명성, 그리고 평화를 상징하는 무용수에 둘러싸여 춤추었습니다. 물론 저도 출연해 폐하 곁에서 도왔지요. 이 작품은 매우 성공적이어서 여섯 번이나 공연되며 폐하의 존재감을 전 유럽에 널리 알렸답니다.

1661년 마자랭 재상이 돌아가시고 실질적 왕권을 잡게 된 폐하께서는 저를 '왕의 발레 주무관(Intendant des Ballets du Roi)'으로 임명하셨습니다. 당시 제 나이 서른 살이었지요. 사실 발레 주무관은 비공식 직책에 불과했습니다. '왕의 댄싱 마스터'라는 공식 직책은 원로 마스터이신 프레보(Henri Prevost) 선생님과 르노(Jean Renaud) 선생님이 맡고 계셨지요. 하지만 폐하께선 예전처럼 저와 수업을 이어가셨지요. 무려 20년간 폐하는 저의 제자이자 벗이며 주군이셨습니다. 그해 폐하가 왕립 무용 아카데미를 만들 때 저는 회원으로 이름을 올리지도 못했다가 마흔아홉 살이 돼서야 2대 원장이 됐습니다. 제가 어린 나이에 왕의 측근이 되다 보니 어쩔 수 없었습니다. 주변 사람들은 저보고 실속 없다고 나무랐지요. 하지만 저는 워낙 할 일이 많았으니 직책이나 명칭 따윈 별로 관심 없었답니다.

무엇 때문에 그리 바빴냐고요? 어휴, 왕실 안팎에서 무용수이자 교육자, 안무가, 작곡가로서 활동했죠. 젊은 시절엔 궁정 발레에서 폐하의 역할을 대신하거나 여장으로 폐하의 상대역을 맡기도 했어요. 제가 공중에서 회전하는 뚜르 앙 레르(tours en l'air)를 처음으로 해낸 무용수인 걸 아시나요? 자, 보세요. 환갑이 되도록 점프 실력이 녹슬지 않았습죠.

안무는 또 얼마나 많이 했는지요. 나중에 왕립 음악 아카데미의 원장이 된 륄리가 만든 여러 작품에서 안무했습니다. 국가적인 행사에서도 안무했는데, 그중에서도 폐하와 스페인의 마리아 테레사(Maria Theresa) 공주와의 결혼을 축하하며 공연된 오페라 〈세르세Il Xerse〉(1660)에서 안무한 것이 생각납니다. 폐하께선 원래 마자랭 재상의 조카딸인 마리 만치니(Marie Mancini) 양과 사랑하는 사이셨지만 스페인과의 오랜 전쟁을 끝내야 한다는 정치적 명분 때문에 먼 친척인 테레사 공주와 정략결혼을 선택하지요. 결혼이라면 사람의 인생에서 가장 축복받아야 하는 경사인데 왜 그리 안타깝던지요. 제가 평생 독신으로 지낸 것도 폐하의 이루어지지 않은 첫사랑과 복잡한 여성 편력을 가까이에서 지켜보았기 때문인지도 모르겠습니다.

저는 수십 년간 의욕적으로 활동했습니다. 공연, 교육, 안무뿐만 아니라 작곡도 하고, 연주도 했지요. 당시 발레 마스터들은 이것저것 다 할 줄 알았답니다. 그래도 안무가 제일 재미있긴 했어요. 저는 안무를 위해 다양한 패턴과 도형을 만들고, 우아하고 섬세한 동작을 연결했습니다. 여기 있는 제 반려 비둘기들도 한몫했답니다. 안무가 잘 풀리지 않을 때면 다락방에서 키우던 비둘기들에게 곡식을 흩뿌려 주고는 그것을 쪼아 먹으러 돌아다니는 녀석들이 패턴을 보고 아이디어를 얻었거든요.

안무 작업은 여러 천재들과 협업할 수 있는 기회였습니다. 그때 륄리는 오페라-발레(opéra-ballet)라는 장르를 개척하고, 제 먼 친척인 몰리에르는 코메디-발레(comédie-ballet)라는 장르를 만들었습니다. 바로 그들의 작품에서 제가 안무하고, 작곡하고, 춤도 췄습니다. 왕립 음악 아카데미가 설립됐을 때는 최고 안무가로 임명돼 륄리와 함께 오랫동안 활동했지요. 천재들이 새로운 영역을 개척하던 때에 저도 함께하는 게 얼마나 즐거웠던지요. 왕실 밖에선 몰리에르의 극단이나 예수회 계열 대학의 연극에서도 오랫동안 안무했습니다. 사설 극단이나 대학 동아리 공연쯤이라 생각하면 안 됩니다. 몰리에르 극단은 폐하의 초청으로 베르사유궁에서 공연했고 예수회 대학은 폐하가 후원하고 귀족 자제들이 다닌 명문 학교였으니까요. 저는 몰리에르와 륄리가 죽을 때까지 함께 열정을 나눌 수 있었음에 감사하답니다.

춤 교육을 좀 더 이론적으로 파고든 것은 왕립 무용 아카데미 회원이 된 1674년부터입니다. 여러분도 잘 아는 다섯 가지 기본 발 자세와 팔 자세를 정리했죠. 제가 발명한 것은 아닙니다만 구전되던 지식을 체계적으로 정리하는 것도 의미 있는 작업이지요. 아카데미 활동은 재미있었습니다. 의욕적이고 머리 좋은 이들이 만나 춤에 대해 토론을 거듭하는 시간이라니요! 훗날 삐딱한 노베르 선생은 우리가 하릴없이 수다나 떤다고 비아냥거렸습니다만, 창의적인 아이디어는 이런 격의 없는 토론에서 나오는 것이 아닙니까? 제가 아카데미 회원이 된 1674년에 폐하는 기보법을 만들라는 명을 내리셨습니다. 로랭과 파비에가 먼저 만들고 저도 1684년에 저의 기보법을 완성했죠. 춤을 기록할 때 무용수의 동작과 궤적을 합치느냐 분리하느냐가 큰 문제였는데 저는 합치는 방법을 선택했습니다. 이 방식으로 륄리의 오페라 〈파에톤Phaeton〉에 삽입된 샤콘느(chaconne)를 기록해봤는데 꽤 그럴듯하더군요.

아, 기보법에 대해 사람들이 이러쿵저러쿵하는 이야기 들으셨지요? 저도 참 할 말이 많습니다. 제 기보법이 큰 인기를 끌면서 널리 쓰이자 기분이 좋았답니다. 그런데 이런저런 일을 하는 동안 로랭과 퓌이예가 제 기보법으로 이익을 보는 게 아닙니까? 새파랗게 어린 제자인 퓌이예는 1700년에 《코레그래피》이라는 책까지 출간해 명예와 이익을 챙겼답니다. 저는 1704년에 로랭과 퓌이예를 고소했고 그들은 저를 맞고소했지요. 그런데 제가 만든 사실은 인정받았지만 특허 출원을 안 했다는 이유로 소송에서 졌답니다. 후대 사람들이 저의 업적을 인정해 '보샹-퓌이예 기보법'이라 부른다고 하니 마음이 좀 풀어지네요. 아이러니하게도 퓌이예가 쓴 책이 영국과 독일에서 번역되면서 온 유럽으로 퍼져나갔고, 그가 기록한 335개의 춤이 후대까지 전해지게 됐지요. 정작 기보법을 발명한 저는 안무하느라 바빠서 한두 작품밖에 기록을 안 했는데 말입니다. 새로운 것을 만드는 시도뿐만 아니라 사용하고 전승하는 과정도 중요하다는 걸 새삼 뼈저리게 깨달았습니다.

제 제자들이 누구냐고요? 물론 폐하를 먼저 꼽을 수밖에 없지만 그 밖에도 수많은 댄싱 마스터들과 귀족들을 가르쳤답니다. 제가 가르친 댄싱 마스터들이 왕실과 유럽 전역으로 퍼져나가면서 저는 '댄싱 마스터의 아버지'라는 별명도 얻었지요. 그뿐입니까. 왕립 음악 아카데미, 그러니까 파리 오페라의 발레 마스터가 됐을 때엔 남녀 직업 무용수로 구성된 무용단을 지도했습니다. 왕부터 평민까지, 남자부터 여자까지 모두 가르친 셈입니다. 그때 안무한 〈사랑의 승리Le Triomphe de l'amour〉(1681)에서 평민 출신의 여성 직업 무용수 라퐁텐(Mlle de Lafontaine)이 주연을 맡아 스타가 됐지요. 불과 20년 전에 귀족 남성들끼리 궁정 발레의 클라이맥스를 장식했던 걸 생각하면 격세지감을 느낍니다. 이렇게 세상은 바뀌나 봅니다.

어이쿠, 말이 너무 길어졌습니다. 직접 춤을 한번 배워보시겠습니까? 무슨 춤이 좋을까요? 이렇게 남녀 커플로 오셨으니 우아한 커플 댄스 하나 가르쳐드리겠습니다. 벨 당스의 여러 춤 중 하나인 미뉴에트입니다. 미뉴에트는 프랑스어로 '작다'는 뜻을 가졌지요. 푸아투(Poitou) 지역의 민속춤인 브랑늘에서 파생된 춤으로 폐하의 궁정에서 전 유럽으로 퍼져나간 우아한 커플 댄스입니다.

자, 궁정의 무도회를 상상해보세요. 중앙의 단상 위에는 왕족들이 앉아 있고 수많은 귀족들이 가장자리에서 지켜보고 있습니다. 두 분은 홀 중앙으로 나아가 왕에게 존경을 표시하고 나서 춤을 춰야 합니다. 너무 떨리겠지요? 그래도 춤을 추기 전에 인사하는 것은 잊지 마세요. 조금 떨어져서 남자는 오른발을, 여자는 왼발을 앞으로 놓으세요. 남자는 다리를 2번 자세로 구부리며 모자를 벗었다가 쓰고 여자는 살짝 무릎만 굽히면 됩니다.

미뉴에트는 크게 네 가지 부분으로 구성됩니다. 핵심은 Z 대형 그리기이고, 그 외에 파트너에게 오른손 내밀기, 왼손 내밀기, 양손 내밀기가 있습니다. 다른 춤들이 정면을 향해 나란히 춘다면 이 춤은 서로를 마주보며 대칭적으로 춘다는 점이 특징입니다. Z 대형에선 남녀가 Z의 양 끝점에 서서 마주보며 서로 가로로, 사선으로, 다시 가로로 이동하며 자리를 바꾸게 됩니다. 제가 기록한 건 없으니, 에헴, 다음 세대 마스터들이 기록한 교본을 보고 설명드릴게요. 피에르 라모가 그린 Z 대형을 보세요(그림 5). 남녀가 반대 방향에서 서서 Z자로 교차한다는 게 확실히 보이지요? 또 남녀가 교차할 때 오른쪽 '어깨를 지우고(en effaçant l'épaule)' 서 있는 자세를 보여주지요(그림 6). 발레의 에뽈망(épaulement)입니다.

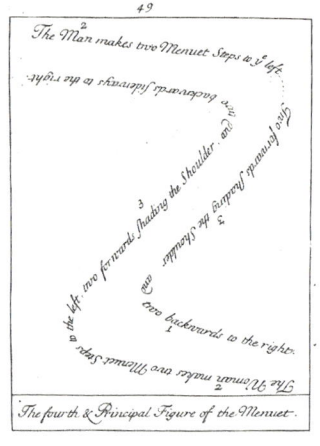 

그림 5. 미뉴에트의 Z 대형 그림 6. 미뉴에트에서 '어깨를 지우고' 선 자세

미뉴에트[3]는 3/4박자로 8마디, 혹은 12마디 정도로 이루어집니다. 춤의 스텝은 크게 빠 드 므뉘에(pas de menuet)와 여러 가지 꾸밈 동작으로 나눌 수 있습니다. 빠 드 므뉘에는 2마디, 즉 6박자 안에 4개의 스텝이 들어갑니다. 한 발을 내딛으며 무릎을 구부렸다가 무릎을 펴며 뒤꿈치를 반쯤 드는 드미 꾸뻬(demi-coupé: 2박자) 2개와 뒤꿈치를 반쯤 올린 하프 토(half-toe) 상태로 걷는 빠 마르셰(pas marché: 1박자) 2개로 이루어집니다. 항상 오른발로 시작하지만 6박자가 2마디에 깔끔하게 떨어지지 않고 한 박자 먼저 시작한다는 점이 이 춤의 묘미입니다. 하지만 세부적인 발 동작과 대형은 지역마다, 마스터마다, 시대마다 너무 다양합니다.

자, 한번 해보세요. 내려가고, 올라가고, 걷고, 걷고, 내려가

---

[3] 므뉘에(menuet)가 올바른 용어이나 춤과 음악 분야에서 국내에서 미뉴에트(minuet)로 통용되므로 춤을 일컬을 때는 미뉴에트로 표기한다.

고, 올라가고. 다시 한번! 몸이 덜컹거리거나 빠르기가 불규칙하면 안 됩니다. 온몸을 잘 통제해서 부드럽게 내려가고 부드럽게 올라서야 합니다. 머리 움직임에 주목하세요. 베니스의 곤돌라처럼 부드럽게 아래위로 파동을 그려야 합니다. 바닥에 남는 궤적도 울퉁불퉁하지 않도록 매끄럽게 이동하세요.

요약하자면 미뉴에트는 2마디에 4번 걷는 빠 드 므뉘에 동작을 반복하며 Z자를 그리는 춤이라 할 수 있습니다. 단순하지요? 하지만 그렇기 때문에 춤 실력이 고스란히 드러납니다. 남성이 여성 파트너를 이끌고 홀을 이동하는 매너, 모자를 벗고 쓸 때의 매끄러운 연결, 구부렸다 올라서는 동작의 균형과 제어, 완벽하게 대칭을 이루는 Z 대형 등 신경 쓸 것이 많답니다. 게다가 테크닉을 과시하는 동작이 없기 때문에 귀족적인 우아함과 기품이 더 드러나는 춤입니다. 바닥에서 그리는 구불구불한 궤적과 공간에 남긴 우아한 흔적. 어떠세요, 보기보다 까다롭지요? 사람들은 흔히 벨 당스를 아마추어의 춤이었다고 폄하하지만 테크닉과 리듬감, 멋과 품위가 있는 춤이랍니다. 미뉴에트가 지녔던 기품과 멋이 계속 이어지길 바랄 뿐입니다.

자, 이제 이 잔을 비우고 제 수집품을 보러 갑시다!

발레 학교:
전문교육의 시작

우리나라엔 발레 학교가 없습니다. 예술중고등학교, 그리고 대학 무용과와 예술종합학교 등이 있지만 초등교육을 대체하는 발레 전문 교육 기관은 없습니다. 그래서 많은 발레 교육자들이 오랫동안 국립 발레 학교의 설립을 주장해왔습니다. 발레라는 장르가 여덟 살 전후의 나이부터 꾸준히 훈련해야 하는 무용 장르인데 중학생이 돼서야 예술학교에 갈 수 있으니 발전이 느릴 수밖에 없다는 주장이지요. 전문가들은 프랑스의 파리 오페라 발레 학교나 영국의 로얄 발레 스쿨, 러시아의 볼쇼이와 마린스키 발레 학교를 롤 모델로 삼습니다. 대체로 여덟 살쯤 입학해 십 년 정도 전문 교육을 거친 후 발레단에 입단하는 것을 기본으로 생각합니다.

그런데 이러한 교육 모델은 언제 등장했으며 어떻게 변해왔을까요? 루이 14세의 시대로 되돌아가봅시다. 루이 14세가 춤추기를 그만두면서 궁정 발레가 전문 무용수의 영역으로 바뀌었다고 했지요. 그런데 전문 무용수는 있었으나 이들을 키워낼 전문 무용 교육 기관은 아직 없었습니다. 주로 댄싱 마스터 및 바이올린 연주자 가문의 자녀들이 어려서부터 배워 전문 무용수가 됐으니까요. 댄싱 마스터가 되려면 여섯 살에는 교육을 시작해 매일같이 서너 시간 훈련해야 한다고 하니 오늘날의 발레 전공자와도 큰 차이가 없는 연습량이지요. 게다가 당시에는 의무 교육이나 아동 인권이라는 개념이 없었기 때문에 재능이 있는 무용수들은 어린 나이부터 훈련받고 데뷔했습니다. 개인 교습의 전통은 교육 기관이 등장한 후에도 오랫동안 지속됐습니다.

그렇다면 최초의 발레 학교는 언제 등장했을까요? 1713년, 훗날 파리 오페라로 알려지게 될 왕립 음악 아카데미는 열 명의 여성과 열 명의 남성으로 구성된 무용단을 신설했습니다. 오페라에 발레가 삽입된 '오페라-발레'[1]라는 공연 양식이 유행하면서 무용수가 필요했기 때문입니다. 이들의 테크닉을 다듬기 위해 부속 기관인 왕립 무용 학교(L'École Royale de Danse)도 설립됐습니다. 루이 14세가 왕립 아카데미를 세운 지 약 50년 후, 그리고 그가 죽기 직전에 세워진 왕립 무용 학교는 최초의 무용 전문 교육 기관이라 할 수 있습니다. 학교가 설립됐다는 것은 발레가 제도 교육의 영역이 됐음을 의미합니다.

무용 학교의 수업은 공짜였으나 오페라 극장에 소속된 무용수만 수업에 참여할 수 있었습니다. 이 말은 학교의 설립 목적이

---

[1] 18세기 중엽 파리 오페라에서 공연된 오페라-발레(opéra-ballet)는 3~5막의 전막 오페라로 중간중간에 춤이 삽입된 형태입니다. 한편 뒤에 등장한 발레는 오페라-발레보다는 짧은 형태로 추상적인 주제하에 몇 개의 단막이 합쳐진 형태입니다. 오페라-발레와 발레는 모두 이야기를 전개하기 위해 몸짓보다는 가사에 의존했습니다.

어린 학생을 선발해 체계적으로 키우기보다는 당장 무대에 설 수 있는 군무 무용수를 충원하고 그들의 기량을 유지하는 것이었음을 의미합니다. 그때까지 무용수들은 개인적으로 배워 무용단에 입단하고 나서야 공교육을 받을 수 있었던 것이지요. 게다가 수업의 초점은 주역급 무용수보다는 군무의 최저 수준을 맞추는 데 있었습니다. 무용수를 길러내는 전문적인 교육 기관이라기보다는 직업 발레단의 루틴 클래스에 가깝다고 할 수 있죠. '왕립'이라는 명칭에 비해 학교의 지위가 낮았던 이유를 짐작할 수 있습니다.

왕립 무용 학교가 기초 교육의 형태를 갖추게 된 것은 한참 후인 1784년입니다. 루이 16세의 칙령에 따라 수업 시수가 늘어나고 열두 살 미만의 어린이를 위한 수업도 생겨났습니다. 어려서부터 기초 교육을 받아야 한다는 생각이 점차 자리 잡았음을 알 수 있습니다. 그러나 곧 프랑스 혁명이 터졌고 왕실과 밀접하던 발레계는 혼란에 빠졌습니다. 1789년부터 1799년 사이 총 여섯 개의 정부가 들어서고 사라지는 동안 파리 오페라는 사소한 일까지 정부 관계자에게 보고해 승인을 받아야 할 정도로 입지가 줄었습니다. 발레단 역시 단원 수가 줄고 임금이 깎였으며 한동안 신작을 발표하지 못했습니다. 그럼에도 발레단과 무용 학교가 사라지지 않고 버틴 것은 파리 오페라의 수장 피에르 가르델(Pierre Gardel)의 노력 덕분이었습니다. 그는 정부 관계자에게 "학교는 주역 무용수와 특히 뛰어난 군무 무용수를 구성하는 데 필수적이다. 파리 오페라 공연자들을 여타 공연자들과 구별해주는 기술과 지성의 지식을 전해준다"[2]라고 호소하며 발레 교육 기관의 필요성을 설파했습니다. 그 결과 1798년 왕립 무용 학교는 파리 오페라 발레 학교로 개명돼 살아남았습니다.

파리 오페라 발레 학교가 생겨난 후 교육의 틀이 재정비됐습니다. 학생 선발에 대한 규정이 생겼고 매일 수업이 원칙이었지만 실제론 남학생이 월수금, 여학생이 화수금으로 나누어 두 시간씩 주 3회 수업을 받았습니다. 주 3회 두 시간 수업이라니, 전공자의 수업으로는 부족하게 느껴지지요? 그때도 그랬습니다. 학생들은 정규 수업 외에 자신의 선생님 혹은 오페라 극장과 연계된 선생님께 개인 교습을 받았습니다. 또한 열여섯 살에 졸업한 후에도 바로 발레단에 들어가기보다는 1~2년 개인 교습을 받으며 실력을 키운 후 입단하는 것이 일반적이었습니다. 심지어 무용단에 입단하고서도 단역 무용수에서 솔리스트로 발돋움하기 위해 따로 레슨을 받았습니다.

그런데 개인 교습은 경제적으로 부담됐습니다. 사실 발레 무용수가 되려고 한 이들은 대부분 저소득층 출신이었습니다. 발레 학교의 수업료는 공짜였지만 파리 시내의 생활비가 비쌌습니다. 학교 졸업 후에 발레단에 취직하더라도 월급이 적었고 가족을 부양해야 하는 경우도 있었습니다. 학생들과 무용수들의 생활고는 고질적인 문제였습니다. 하지만 발레는 여성이 남편이나 가족의 지배에서 벗어나 사회활동을 할 수 있는 영역이자 돈을 벌 수 있는 몇 안 되는 기회였습니다. 어쨌든 발레단에선 등급에 따라 꼬박꼬박 월급을 받았고 드물게 스타가 될 수도 있기

2   재인용, John V. Chapman(1989). The Paris Opéra Ballet School, 1798-1827. *Dance Chronicle*, 12(2), pp. 198-199.

때문에 포기할 수 없었을 겁니다. 학교는 이를 외면하지 않고 적극 도와줬으며, 때론 생활고를 겪는 학생과 가족을 위해 정부 관계자에게 청원해 장학금을 지급하기도 했습니다.

한편 발레 학교는 학교와 학생들의 수준을 높이기 위해 평가에 중점을 두기 시작했습니다. 일정 기간마다 학생을 평가해 일정 수준에 미달하면 경고하거나 쫓아내는 제도를 마련했습니다. 성취도가 높은 학생에게 상금을 수여했고, 학생이 교육을 중도 포기할 경우 부모가 벌금을 내기도 했습니다. 발레단 관계자가 심사하는 평가를 통해 진급하거나 발레단에 입단하는 방식은 지금까지도 이어지고 있습니다.

1820년대가 되자 교육 과정이 더욱 전문화됐습니다. 그동안 학교는 군무 무용수들의 기초 훈련을 목표로 삼았지만 테크닉이 발전하고 경쟁이 치열해지면서 심화 교육이 필요해졌기 때문입니다. 수업의 수준은 나이별로 분화됐습니다. 여섯 살에 입학해 열세 살까지 거치는 기초반(premiere classe), 열네 살에서 열여섯 살 사이의 학생을 위한 상급반(classe supérieure), 그리고 졸업 후 1~2년 동안 실력을 다듬어 발레단 입단을 준비하는 완성반(classe de perfectionnement)으로 나뉘었습니다. 열여덟 살이 되면 무조건 졸업해야 하는 원칙 역시 지금까지 이어지고 있습니다.

파리 오페라 발레 학교가 세운 체계, 즉 선별을 통한 입학, 저렴한 수업료, 수준별·단계별 수업, 그리고 공정한 평가를 통한 진급과 입단은 오늘날 세계적인 발레 학교의 공통적인 특성이 됐습니다. 또한 이러한 제도를 통해 어린 나이에 발굴한 뛰어난 인재들이 프로페셔널 발레단에 입단할 때까지 적절하고 일관된 교육을 실시했습니다.

그렇게 파리 오페라 발레 학교와 발레단은 실력이 뛰어난 무용수들을 대거 배출하면서 발레의 국제적인 성지가 됐습니다. 전 유럽으로부터 발레 무용수와 발레 마스터가 몰려들어 그 결실을 흡수하고 전 유럽으로 퍼트렸습니다. 훗날 유명한 발레 교육자가 된 오귀스트 부르농빌(August Bournonville)과 카를로 블라시스(Carlo Blasis)가 대표적입니다. 각각 덴마크와 이탈리아 출신인 이들은 파리 오페라 발레 학교에서 유학한 후 고국으로 돌아가 업적을 남겼습니다. 부르농빌은 덴마크에 자리 잡고서도 예술적 혁신과 최신 유행을 따라잡기 위해 파리에 정기적으로 들렀고, 블라시스는 이탈리아에서 무용수들을 가르치면서도 파리를 경외했습니다. 블라시스는 "나는 파리 오페라에서 춤의 기술이 어떻게 완벽한 경지로 행해질 수 있는지를 처음 보았다. 젊은 무용수라면 필수적으로 파리의 학교에서 일정 기간 배워야 한다. 다른 곳 말고 바로 그곳에서 자신을 완벽하게 다듬을 수 있을 것이다"[3]라고 회고했지요. 이처럼 높은 수준의 교육 위에서 우리가 아는 발레의 시작인 낭만 발레가 꽃피웠습니다.

---

3   Carlo Blasis(1828). *The Code of Terpsichore,* trans. R. Barton. London: James Bulcock; reprint New York: Dance Horizons, n.d, p. 110.

제3장

테크닉

비르투오소의
시대

혹시 궁중 정재를 본 적 있나요? 정재(呈才)는 조선시대 궁중의 잔치에서 음악, 노래, 춤이 어우러졌던 볼거리입니다. 처음 본다면 당황할지도 모릅니다. 신나게 돌고 뛰며 에너지를 뿜어내는 춤에 익숙한 우리에게 정재의 움직임은 너무 고요하고 지루하기 때문입니다. 이상하지 않나요? 조상님들에겐 잔치의 하이라이트였다는데 우리에겐 지루하다니요.

모든 예술이 그러하듯 춤의 의미는 감상자가 만듭니다. 똑같은 춤이라도 맥락이 달라지면 의미가 달라진다는 것은 카사노바의 회고록에 잘 드러납니다. 그렇습니다. 바람둥이로 유명한 바로 그 자코모 카사노바(Giacomo Casanova)입니다. 1750년 이탈리아인인 카사노바는 파리에 왔다가 친구를 따라 〈베네치아 축제Les Fêtes Vénitiennes〉라는 오페라-발레를 보았습니다. 주역 무용수가 등장하는 작품의 하이라이트에 대해 그는 이렇게 말했습니다.

갑자기 키 크고 몸매 좋은 무용수가 등장하자 관객 전체가 환호를 보냈다. 검은 가발에 마스크를 썼고 구불구불한 긴 머리는 등 한복판까지 내려왔으며, 뒤꿈치까지 내려오는 긴 재킷을 입고 앞자락을 잠그지 않은 모습이었다. ⋯ 나는 멋진 무용수가 신중한 발걸음으로 앞으로 나오는 걸 보았다. 무대 앞쪽으로 오자 그는 둥근 팔을 천천히 들어 올려 우아하게 앞뒤로 뻗었고, 발을 정확하고 가볍게 움직여 몇 개의 작은 스텝을 행했으며, 종아리 높이의 바뜨망(battement) 몇 개와 한 번의 삐루에뜨(pirouette)를 행한 뒤 뒷걸음질치며 나비처럼 사라졌다.[1]

카사노바가 본 무용수는 '춤의 신'이라 불리던 루이 뒤프레(Louis Dupré)입니다. 우아하고 절제된 귀족적 스타일로 찬사를 받았지요. 그의 기품 있는 팔동작, 작고 정교한 발동작에 관객들이 아낌없이 박수를 보냅니다. 그런데 카사노바는 갸우뚱했습니다. 몇 개 동작을 하지도 않았는데 이토록 환호할 일인가 하고 말이지요.

춤 전체는 1분이 채 걸리지 않았다. 극장 모든 곳에서 박수가 쏟아졌다. 나는 친구에게 이 갈채의 의미를 물었고, 그는 뒤프레의 우아함과 움직임의 신성한 조화에 갈채를 보내는 것이라 응답했다. 이제 예순 살인데 40년 전과 같은 모습이라는 것이다.
"뭐라고? 다른 스타일로는 한 번도 춤추지 않았다고?"
내가 묻자 친구는 응답했다.

---

[1] 재인용. Susan Foster(1996). *Choreography & Narrative: Ballet's Staging of Story and Desire*. Bloomington: Indiana University Press. pp. 20-21.

"그는 더 이상 잘 출 수 없어. 네가 본 것은 완벽했고, 완벽 이상에 뭐가 더 있어?"[2]

카사노바와 친구의 괴리가 느껴지시나요? 열광하는 관객 속에서 왜 카사노바는 갸우뚱했을까요? 팬터마임이 강하고 스타일을 확확 바꾸는 이탈리아 여흥에 익숙했던 그는 절제되고 섬세한 뒤프레의 움직임에 그리 감흥이 없었습니다. 오히려 평생 한 가지 스타일로 춤추는 것에 납득할 수 없었지요.

문제는 카사노바처럼 떨떠름한 관객이 점차 늘었다는 것입니다. 어려서부터 귀족성을 배우지 않은 부르주아 관객들이 극장을 채우기 시작하면서 우아함과 섬세함은 한순간에 가식과 지루함으로 전락했습니다. 그들은 마치 《벌거벗은 임금님》에 나오는 어린아이처럼 외쳤습니다. "잠깐만요, 왜 맨날 똑같은 것만 하고 있나요, 저건 그냥 의미라곤 없는 텅 빈 제스처에 불과한 것 아닌가요?"

'무지한 관객'의 취향은 춤을 바꿔놓았습니다. 그들은 감상하기 위해 학습이 필요한 기품이나 절제된 우아함보다도 화끈한 테크닉을 선호했습니다. 뛰어난 테크니션, 즉 비르투오소(virtuoso)의 시대가 열린 것입니다. 관객이 변화하고 취향이 변화하면서 춤이 변화했음은 베스트리스 부자(父子)를 비교해볼 때 극명히 드러납니다.

아버지인 가에탕 베스트리스(Gaétan Vestris)는 뒤프레의 제자로, 그 역시 '춤의 신'으로 명망이 높았습니다. 그는 우아하고 품

---

[2] 앞의 책.

그림 1. 가에탕 베스트리스 　　　　　그림 2. 오귀스트 베스트리스

격 있는 무용수였지요. 얼마나 콧대가 높았는지 젠체하는 풍자화가 여럿 있을 정도입니다(그림 1). 하지만 아버지와는 달리 아들 오귀스트 베스트리스(Auguste Vestris)는 근육질에 탄력적인 무용수였습니다(그림 2). 과감한 점프와 빠른 회전으로 유명했으며 열두 살에 파리 오페라에서 데뷔해 36년간 주역으로 활약했습니다. 사람들은 베스트리스의 테크닉에 매료됐습니다. 그가 얼마나 특출한 무용수였는지, 얼마나 인기가 많았는지 우리로선 상상하기 쉽지 않습니다. 전해지는 에피소드를 통해 상상해볼 뿐이지요.

프랑스 혁명이 터지자 베스트리스는 파리를 떠나려 했지만 정권을 잡은 나폴레옹이 "외국인이 베스트리스를 보러 파리에 와야 한다"며 허락하지 않았다고 합니다.[3] 또한 훗날 베스트리스가 자기보다 서른 살이나 어린 무용수와 테크닉 대결을 벌인

---

[3]　August Bournonville(1848; 1979). *My Theatre Life*, trans. Patricia N. McAndrew. London: A. and C. Black, p. 458.

사건도 있습니다. 그들은 마치 총이나 칼로 겨루는 결투(duel)처럼 삐루에뜨와 쥬떼 바뛰(jeté battu) 동작을 차례로 행하며 겨뤘다고 합니다. 30년 차이를 극복할 수는 없었겠지만 사람들은 베스트리스가 더 예술적이라며 무승부로 여겼다고 해요.

명성에 부응이라도 하듯 베스트리스는 각종 논란을 일으켰습니다. 왕비인 마리 앙투아네트의 공연 요청을 거절해 감옥살이를 할 정도로 반항적이었고, 궁정 발레 때부터 무대에서 써오던 마스크를 벗게 해줘야만 춤을 추겠다고 고집하는 바람에 처음으로 마스크를 벗고 춤춘 무용수가 되기도 했습니다. 하지만 그가 일으킨 가장 큰 논란은 무용수의 계급적 유형을 뒤흔들어 놓았다는 것입니다.

궁정 발레 시절부터 무용수들은 체격과 분위기에 따라 노블(noble), 드미-카락테르(demi-caractère), 그리고 코미크(comique)라는 세 가지 유형으로 나뉘었습니다. 진지하고 영웅적인 역할을 맡는 무용수인 당쇠르 노블(danseur noble)은 뒤프레나 아버지 베스트리스처럼 키가 크고 신체 비율이 좋았고, 당당하며 기품 있는 움직임과 세련된 몸가짐을 보였습니다. 점잖고 살짝 지루한 모범생이라 할 수 있죠. 드미-카락테르는 중간 정도의 키에 날렵하고 유쾌한 분위기의 무용수로 여러 스타일과 스텝을 소화할 수 있는 테크니션입니다. 코미크는 키가 작고 다부진 체격의 무용수로 익살스럽거나 소박한 스타일입니다. 작품의 감초 역할을 하는 배우에 가깝다고 할 수 있습니다.

셋 중 어느 유형을 가장 높게 평가했을까요? 당연히 노블 스타일입니다. 무용수의 세 단계 위계가 사회의 세 가지 계층, 즉 왕족, 성직자, 평민의 구별에 상응했기 때문이죠. 사회적 계급이 당연한 것이며 각자의 본분에 충실해야 한다는 사고가 극장 춤에서도 유효했던 것입니다. 드미-카락테르와 코미크 무용수가 열심히 분위기를 조성하면 주인공인 당쇠르 노블이 맨 마지막에 등장해 가장 큰 갈채를 받았습니다.

그런데 베스트리스는 이러한 위계적 유형을 완전히 흔들어 놓았습니다. 그는 주역 무용수였지만 뒤프레나 아버지 베스트리스처럼 당쇠르 노블의 점잖은 움직임에 만족하지 않았습니다. 그는 높이 뛰고, 힘차게 회전하고, 역동적으로 움직였습니다. 모든 움직임과 스타일과 인물을 표현하는 전천후 무용수로 거듭난 것입니다. 관습에서 벗어난 베스트리스의 춤에 대해 원로들은 품격 없다고 비판했지만 그는 아랑곳하지 않고 이전까지 없던 길을 만들어 나아갔습니다. 그리고 그가 걸어간 길로 점점 많은 무용수들이 합류했습니다. 타고난 신체 조건이 당쇠르 노블에 적격하다고 여겨진 무용수들조차 노블 스타일을 버리고 점프와 회전을 연마했습니다. 프랑수아 드콤브(François Decombe)라는 무용수를 마지막으로 당쇠르 노블은 공식적으로 사라졌습니다. 무용수의 유형이 무너짐과 동시에 춤과 귀족성의 끈끈한 연결 고리도 사라졌습니다.

'베스트리스 키즈'가 베스트리스처럼 춤추기란 쉽지 않았습니다. 베스트리스는 독보적 존재였지만 후배들은 그에 미치지 못했죠. 요즘 애들은 테크닉에 몰두하느라 엉망진창이라는 비판이 터져 나왔습니다. 그러나 분명 베스트리스는 후배들에게 모델이자 영감이 됐습니다. 한 세대가 지나자 베스트리스에 버

금가거나 심지어 그를 능가하는 무용수들도 등장했습니다. 마리 탈리오니(Marie Taglioni)와 쥘 페로(Jules Perrot)를 비롯한 낭만 발레 무용수들입니다.

그렇다면 범재들이 천재를 따라잡을 수 있었던 비결은 뭘까요? 바로 교수법의 획기적 변화였습니다. 1820~1830년대 파리 오페라 발레 학교의 교사들은 베스트리스를 따라잡기 위해 고민하면서 클래스에서 매일매일 온갖 실험을 진행했습니다. 수업 방식과 순서를 바꾸고 움직임을 분해하고 새롭게 접근했습니다. 그 시절에 파리 오페라에서 유학했던 카를로 블라시스가 이들을 "혁신에 미친 자들"[4]이라 표현할 정도로요.

규율과 관습에서 벗어난 발레 클래스는 거침없이 폭주했습니다. 그때까지만 해도 수업을 매일 하는 것이 당연하지 않았습니다. 하지만 교사가 된 베스트리스는 테크닉 수행에 필수적인 근력과 체력을 키우기 위해선 매일 수업하는 것이 필수적이라고 주장했습니다. 수업 강도가 말할 수 없이 세지고 밀도도 높아졌습니다. 한 발레 마스터는 "숨쉬기 어려울 정도로 힘들고, 심각하고, 고통스러우며, 지치게 하는 수업이 쉬는 시간 없이 매일 이루어진 결과, 뛰어난 무용수들이 배출됐다"고 평가했습니다. 이러한 지옥 훈련을 통해 모두가 베스트리스가 된 것입니다. 어쩌면 우리 모두 베스트리스 키즈라 할 수 있습니다.

---

4   Carlo Blasis(1820). *Traité élémentaire, théorique et practique de l'art de la danse*. Milan, p. 7.

기초 연습과
반복 연습

오늘날 발레 클래스의 원형은 19세기 초에 형성됐습니다. 이를 가장 명확하게 담고 있는 자료가 카를로 블라시스의 교본인 《춤 예술의 기초 이론과 실기Traité élémentaire théorique et pratique de l'art de la danse》(1820)와 《테르프시코레의 코드The Code of Terpsichore》(1828)입니다. 궁정 발레 시대의 댄싱 마스터인 라모(1725)가 쓴 교본과 슬쩍 비교해봐도 춤이 한 세기 만에 완전히 변화했음을 알 수 있습니다. 라모의 교본에선 거추장스러운 의복을 입은 무용수들이 우아하게 팔동작을 하고 있다면(그림 3) 블라시스의 교본엔 반바지 속옷만 입은 무용수가 나오니까요(그림 4). 발레 클래스가 이처럼 파격적으로 변한 이유는 뭘까요?

춤이 달라지자 클래스도 달라졌습니다. 18세기 사교춤과 궁정 발레에서는 바닥에서 무용수가 이동하는 경로가 중요했고 무용수의 몸에 대해선 전체적인 실루엣을 두루뭉술하게 보았습니다. 〈그림 3〉을 보면 바닥에 격자무늬를 그려 상대적인 위치나

그림 3. 라모의 교본(1725) 속 무용수   그림 4. 블라시스의 교본(1820) 속 무용수

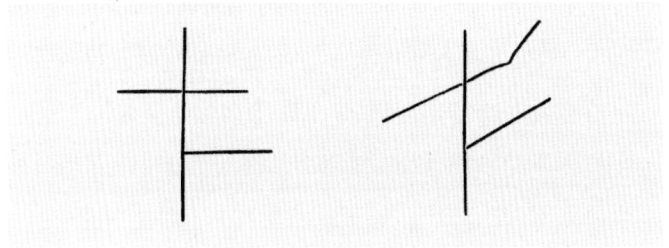

그림 5. 블라시스의 교본(1820) 속 기하학적 신체 개념

궤적을 중요시한 반면 무용수의 몸에 대해선 그리 엄격하지 않음을 알 수 있지요. 그런데 19세기 발레에선 무용수의 몸을 관통하는 선이 중요해졌습니다(그림 4). 블라시스는 어깨, 배꼽, 무릎, 발바닥 등 몸의 각 부위를 연결한 선으로 만든 도형을 제시했습니다. 표면의 실루엣보다 심층의 구조가 중요해진 것입니다. 무용수들은 움직임을 추상적이고 기하학적인 선으로 파악하게 됐습니다. 어떤 선이 몸의 어느 부위에서 구현돼야 하는지를 원칙으로 삼고, 이를 자기 몸에 투사했습니다. 머리부터 발끝까지 관통하는 수직선, 다리를 옆으로 들어 올렸을 때 골반에서 발끝까

지 이어지는 수평선 등은 움직임의 원리이자 목표가 됐습니다.

이렇게 춤이 변화한 데에는 당시에 발달한 과학과 의학의 영향이 컸습니다. 인간의 몸을 수치심의 대상이 아니라 과학적 탐구의 대상으로 바라보기 시작하면서 발레에서도 몸을 보다 중립적으로 바라봤습니다. 거추장스러운 의상도 말끔히 제거했죠. 헐벗은 무용수의 몸을 점선으로 처리하거나 아예 생략하고 기하학적인 선과 도형을 제시한 블라시스의 교본은 발레 클래스가 과학적 탐구의 길로 들어섰다는 것을 보여줍니다(그림 5).

과학은 이제 발레 클래스의 원리가 됐습니다. 교사들은 해부학과 역학적 지식을 바탕으로 발레 동작의 원리를 분석했습니다. 중력과 무게 중심, 균형과 평형, 원심력과 구심력, 작용과 반작용 등과 같은 개념이 수업 용어로 등장했습니다. 블라시스는 발레를 '시적인 과학(poetic science)', 발레 마스터를 '저자(author)이자 동시에 기술자(mechanist)'라 일컬었습니다. 발레가 예술적인 동시에 과학적인 영역이기에 두 특성이 매끄럽게 결합될 수 있다는 그의 생각은 당대 발레 교수법의 혁신을 상징합니다.

과학적 사고는 발레 클래스의 모습도 바꿔놓았습니다. 예를 들어 18세기 초반만 하더라도 교사들은 상체를 꼿꼿하게 만들기 위해 코르셋 착용을 강조했습니다. 하지만 18세기 중반 이후엔 외부에서의 수동적인 교정보다 능동적인 운동이 더 중요하다는 점을 깨닫게 됩니다. 턴아웃에 대한 이해도 바뀌었습니다. 18세기 중반까지 발레 마스터들은 발을 비틀며 회전시키는 '엉덩이 회전기(tourne-hanche)'를 다양하게 고안했습니다. 하지만 점차 발목이 아니라 엉덩관절에서 턴아웃이 이루어진다는 지식이

그림 6. 19세기 초의 턴아웃 기구인 엉덩이 회전기(tourne-hanche)

그림 7. 19세기 초 사교춤 수업의 풍경과 박스 형태의 턴아웃 기구(오른쪽 코너).

퍼지면서 롱 드 장브(rond de jambe) 동작을 통해 외전하도록 했지요. 하지만 발레에서와는 달리 사교춤 수업에선 이후로도 턴아웃 기구가 오랫동안 쓰였습니다(그림 6, 7).

움직임 원리에 대해 과학적으로 탐색한 결과, 발레 클래스의 형식은 크게 바뀌었습니다. 우선 기초 연습이 부각됐습니다.

18세기 초까지 춤 수업이란 완결된 작품을 통째로 반복 연습하는 것이었습니다. 하지만 18세기 후반부터는 몸 전반을 준비시키는 기초 동작이 고안됐습니다. 작품을 연습하기 전의 준비 단계가 체계화된 것입니다. 쁠리에, 를르베, 롱 드 장브 등의 연습 동작이 등장했습니다. 이를 통해 교사들은 개별 무용수가 지닌 결점들을 근본적으로 고치는 데 초점을 맞췄습니다.

점차 19세기 발레 클래스의 형식이 확립되었습니다. 클래스는 크게 기초 연습(premiers exercices)과 센터 연습(les exercices au milieu)으로 나뉘었습니다.

19세기 발레 클래스 흐름도

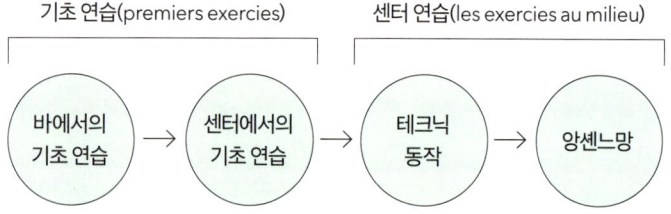

우선 기초 연습은 오늘날의 바워크에 해당하며 6~8개의 연습 동작으로 구성됐습니다. 오늘날 바워크가 적어도 열 개 이상의 순서로 구성된 것에 비하면 단촐하지요.¹ 대신 바 혹은 의자를 잡고 수행한 후 센터에 나와서 다시 반복됐습니다.

기초 연습은 오늘날의 바워크와 마찬가지로 쁠리에로 시작했습니다. 3번 자세를 포함해 다섯 자세 모두에서 수행했지요. 이때의 쁠리에는 뒤꿈치를 들지 않았기 때문에 오늘날의 드미-쁠리에에 해당합니다. 200년 전부터 드미-쁠리에를 할 때 뒤꿈치를 들어선 안 된다고 가르쳤다고 하니 여러분도 명심하세요. 쁠리에 다음엔 바로 그랑 바뜨망입니다. 오늘날엔 주로 바워크의 맨 마지막 순서지만, 어떤 교사들은 오늘날에도 엉덩관절을 느슨하게 하기 위해 그랑 바뜨망을 바워크 중간에 삽입하기도 하지요. 바로 블라시스의 전통에서 기인한 것입니다.

19세기 발레 클래스 중 기초 연습 순서

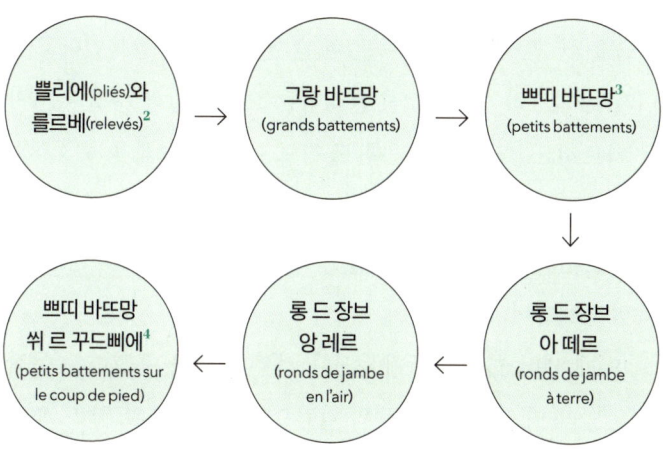

기초 연습에서 각 동작은 주로 8의 배수로 반복됐습니다. 반복의 논리는 오른쪽-왼쪽을 교차하고 느린 템포에서 빠른 템포로, 발바닥을 땅에 붙였다가(terre-à-terre) 점차 뒤꿈치를 들어 올

---

1 Sandra Noll Hammond(2006), pp. 305-306에서 발췌 요약
2 다섯 가지 발 자세로 연습했습니다. 쁠리에는 뒤꿈치를 들지 않고 행했으며, 를르베는 드미-뿌앙뜨, 3/4뿌앙뜨, 그리고 쒸 르 뿌앙뜨로 행했습니다.
3 오늘날의 바뜨망 땅뒤(battement tendu)에 해당하며, 마루에서 미끄러지며 빠르게 행했습니다.
4 오늘날의 바뜨망 프라뻬(battement frappé)에 해당하지만 바닥을 쓸지 않고 발목에 붙이는 동작에 강세를 두었습니다.

리며(sur le pointe) 진행됩니다. 오늘날에도 주로 4 혹은 8의 배수로 하니까 비슷하지요. 하지만 중요한 차이점은 엄청나게 반복했다는 점입니다. 예를 들어 롱 드 장브 아 떼르는 앙 드오르(en dehor: 바깥쪽 방향)로 오른쪽, 왼쪽을 16회씩 반복한 후 앙 드당(en dedan: 안쪽 방향)으로 다시 오른쪽, 왼쪽을 16회씩 반복했습니다. 합하면 무려 64회입니다.

그뿐만 아닙니다. 19세기 발레 클래스에선 바를 잡고 기초 연습을 한 후 센터에 나와 동일한 순서를 바 없이 반복했다고 합니다. 바워크와 센터워크를 분리하는 오늘날 발레 수업과는 사뭇 다르지요. 그러니 위의 롱 드 장브 아 떼르 동작을 총 128회 반복했을 것입니다. 상상만 해도 힘들고 지루한 연습이었겠죠. 이처럼 기초 연습과 반복 연습은 19세기 발레 클래스의 주요한 특징이 됐습니다.

이제 센터 연습으로 가봅시다. 센터 연습을 구성하는 동작들은 발레 마스터마다 조금씩 달랐으나 공통적으로 땅 드 꾸랑뜨(temps de courante)로 시작했습니다. 땅 드 꾸랑뜨는 18세기에 유행한 사교춤인 꾸랑뜨의 기본 동작으로 귀족적이고 우아할뿐더러 팔과 다리, 엉덩이, 무릎, 발바닥을 모두 사용하기 때문에 이후의 균형 동작들을 준비시킨다고 여겨졌습니다.[5] 땅 드 꾸랑뜨는 발레 클래스가 스타일 훈련에서 테크닉 훈련으로 전환된 과

---

5   가장 단순한 형태의 땅 드 꾸랑뜨를 잠시 배워볼까요? 오른발을 뒤로 보낸 5번 자세를 취합니다. 준비박자에 드미-쁠리에를 한 후 첫 박자에 왼발은 를르베를, 오른발은 알 라 스공드로 바닥을 쓸어 올립니다. 두 번째 박자에 왼발은 가만히 유지한 채 오른발은 마치 드미 롱 드 장브처럼 호를 그리며 앞으로 옮깁니다. 세 번째 박자엔 오른발로 땅을 짚으며 뒤꿈치를 내려놓고 왼발이 5번 자세로 닫으며 드미 쁠리에를 합니다. 그러면 왼발이 뒤로 가면서 왼쪽으로 반복할 수 있지요.

정에 남은 잔재라 할 수 있습니다.

땅 드 꾸랑뜨 이후엔 꾸뻬(coupé)[6], 아띠뛰드(attitude), 그랑 푸에떼(grand fouetté) 등 본격적인 테크닉 훈련이 이어졌습니다. 센터 연습의 동작들은 상당히 길고 복잡한 시퀀스로 구성돼 근력을 키워줬으며, 다양한 꾸밈 동작을 포함시켜 예술성을 갖추게 했습니다. 수업의 끝에는 기존 작품의 일부 동작을 발췌하거나 작품과 같은 형태의 앙셴느망(enchaînement)을 연습했습니다. 발레 마스터들은 당대 유행했던 곡을 차용하거나 새로 작곡해 여기에 맞는 앙셴느망을 창작했습니다.

이처럼 19세기 발레 클래스는 잘게 분해된 동작을 반복하며 기본기를 쌓고, 바에 의지했다가 의지하지 않는 방식으로 균형감과 조절력, 정확한 자세를 갖추도록 진행됐습니다. 해부학자들이 몸의 각 부분을 나눠 해부하듯 무용수들도 몸의 각 부분을 분리하고 엄청나게 반복 연습해 안정성과 힘, 유연성을 증폭시켰습니다. 기초적인 어휘를 무수히 반복하고 응용한 결과, 무용수들의 테크닉은 이전 세대와는 비교할 수 없을 정도로 발전했습니다. 대표적인 무용수가 마리 탈리오니입니다.

낭만 발레를 상징하는 발레리나인 마리 탈리오니는 타고난 비르투오소가 아니었습니다. 여섯 살에 발레를 시작했지만 등이 굽었다고 선생님에게 외면 받을 정도였습니다. 발레 수업을 이어갔지만 체격이 좋지 않고 테크닉도 약한 그녀에게 기대를 거는 이는 없었습니다. 국제적으로 활약하던 안무가인 아버지

---

[6] 꾸뻬는 오늘날에는 자르는 동작을 지칭하지만 당시에는 여러 가지 동작으로 이루어진 동작구를 지칭했습니다. 포인트 기법이 발달함에 따라 꾸뻬 연습은 발바닥의 힘을 키우는 목적을 띠게 됐습니다.

필리포 탈리오니가 몇 년 만에 딸을 봤을 때 형편없는 실력에 놀랐다고 하죠. 그런데 아버지로부터 6개월 정도 특훈을 받은 후 데뷔한 마리는 발레의 역사를 바꿔놓은 발레리나가 됐습니다. 대체 아버지의 발레 클래스에서 무슨 일이 벌어진 걸까요?

엄격한 발레 마스터였던 필리포 탈리오니는 매일 6시간씩 마리를 훈련시켰습니다. 마리는 오전 두 시간 동안 다리 동작을 집중적으로 연습했고, 오후 두 시간 동안 섬세한 아다지오 동작을, 다시 두 시간 동안 점프를 연습했습니다. 연습 시간만 길었던 게 아닙니다. 100까지 세는 동안 한 가지 자세를 유지해야 했고, 굽은 등을 감추기 위해 관절의 가동 범위를 늘리고 근력을 높이는 데 집중했습니다. 필리포 탈리오니의 교수법은 "엄청나게 길어서 폐활량을 늘리고, 다리를 새롭게 단련시키며, 지난 세기엔 상상할 수 없을 정도로 어렵고 복잡한 몸 전체의 움직임을 준비시켜준다"고 평가받았지요. 지난 세기를 지배하던 귀족들의 우아한 춤 수업은 잊어버리고 스포츠 영화의 극단적인 훈련 장면을 떠올려야 합니다. 모래주머니를 매달고 발차기를 하거나 타이어를 끌며 달리는 운동선수처럼, 마리는 기초 동작을 무수히 반복하면서 강철 같은 체력과 근력을 갖추게 됐습니다. 그 결과 힘을 하나도 들이지 않고 우아하게 발끝으로 뛰어올랐다고 합니다. 아마 마리는 힘들지 않은 척하는 게 아니라 진짜로 힘들지 않았을 거예요.

어렵고 진지하고 고통스럽고 힘든 수업에 대한 발레 마스터들의 신념과 자부심은 대단했습니다. 1850년대가 되어 수업의 강도가 누그러지자 그들은 이렇게 한탄했지요. "우리도 인정하지만, 피로도는 엄청났다. 하지만 그 결과 재능을 꽃피우게 했다. 오늘날 젊은 여성들은 일주일에 두세 번 연습하니 블라우스를 갈아입을 필요도 없다."[7]

---

[7] 재인용. John V. Chapman(1989). The Paris Opéra Ballet School, 1798-1827. *Dance Chronicle*, 12(2), p.213.

3교시

원리

1838년
블라시스 선생님에 대한
체리토의 회고[1]

사랑하는 팬들께,

다들 평안하신가요? 낭만 발레를 대표하는 발레리나 파니 체리토(Fanny Cerrito)입니다. 최근에 나폴리에 다녀왔답니다. 유럽 각지를 떠돌다가 그리운 고향을 방문하니 카를로 블라시스 선생님이 떠오르네요. 선생님과 저는 밀라노에서 처음 만났지만 둘 다 나폴리 출신이라 종종 고향 이야기를 나누곤 했었지요.

사실 저는 어렸을 때 키가 작고 통통했어요. 초등학교를 마친 후 산카를로 오페라하우스의 부설 발레 학교를 다녔지만 제가 스타가 되리라고 기대하는 이는 별로 없었죠. 하지만 살바토레 탈리오니 선생님의 지도를 받으며 열심히 노력해서 솔리스트가 됐어요. 살바토레 선생님은 여러분이 잘 알고 있는 마리 탈리오니의 삼촌입니다. 이탈리아 발레계를 꽉 잡고 있을 만큼 대단

---

[1] 본 장은 카를로 블라시스의 교본 《춤 예술의 기초 이론과 실기》(1820)와 《테르프시코레의 코드》(1828)를 바탕으로 각색한 것입니다.

한 집안이죠. 저는 힘이 넘치고 열정적이라는 호평을 받으면서 밀라노의 라 스칼라 극장에 스카우트됐어요. 그곳에서 3년 정도 프리마 발레리나로 활동하면서 블라시스 선생님을 만난 것이 제겐 대전환점이었답니다. 선생님에게 완전히 새로운 방식으로 배운 덕분에 저는 폭발적인 점프와 정교한 포인트 워크를 구사할 수 있게 됐어요. 탈리오니 선생님 덕분에 주역급 무용수로 성장했다면 블라시스 선생님과 부인 아눈치아타 라마치니(Annunciata Ramaccini) 선생님 덕분에 세계적인 무용수가 됐답니다.

혹시 제가 마리 탈리오니, 루실 그란(Lucille Grahn), 카를로타 그리시(Carlotta Grisi)와 함께 공연했던 〈빠 드 꺄트르Pas de Quatre〉는 다들 들어보셨겠지요? 1845년 영국의 빅토리아 여왕 앞에서 당대 최고의 발레리나들이 자존심을 걸고 겨뤘던 특별 공연인

그림 8. 파니 체리토

데 당연히 제가 참여했지요. 그때 제가 두 번째로 긴 박수를 받으며 라이벌들을 눌렀답니다(최고 연장자인 탈리오니에게 쏟아진 존경의 박수는 제외하자고요). 아무튼 제가 이후로 이탈리아와 영국, 오스트리아, 러시아에서 활약할 수 있었던 것은 모두 블라시스 선생님 덕분이랍니다.

블라시스 선생님을 만난 해는 1838년이었어요. 당시는 선생님이 극장 부설 발레 학교의 감독으로 막 부임했을 때지요. 사실 무용수의 커리어로 볼 땐 어두운 시기였을 것입니다. 파리 오페라에서 수학한 후 라스칼라 극장, 영국의 킹스 시어터를 거쳐 러시아 상트페테르부르크까지 진출했는데 부상으로 갑작스레 은퇴하셨으니까요. 무용수의 이른 은퇴 소식은 늘 가슴 아프게 들립니다. 하지만 선생님은 20대 때부터 발레 교육에 관심이 많았고 무용수로 활동하는 중에 교본도 출간했으니 어쩌면 학교로 돌아와 의욕적으로 제2의 인생을 시작하던 시기였는지도 모르겠습니다. 저는 그때 선생님을 만나게 된 것을 너무나 감사하게 생각합니다 제가 발레 학교 학생은 아니었지만 극장의 간판 무용수이니 많은 관심을 기울여주셨거든요. 인생은 타이밍인가 봐요.

선생님 수업은 매우 힘들었어요. 수업의 큰 틀은 다른 마스터들과 다르지 않았지만 강도가 훨씬 셌답니다. 학생들은 바르게 서는 법부터 배우고 기본 동작을 반복적으로 연습했습니다. 지지대를 잡고 기본 동작을 수십 회 반복한 후에 지지대 없이 다시 반복했습니다. 요즘 말로는 바워크와 센터 바워크(center barrework)라 할 수 있습니다.

기본 동작 후엔 밸런스를 강조하는 느린 아다쥬(adage)와 콤

비네이션을 수행했습니다. 땅 드 꾸랑뜨, 꾸뻬, 아띠뛰드, 그랑 롱 드 장브, 땅 드 샤콘느(temps de chaconne), 그랑 푸에떼(grands fouettés), 삐루에뜨, 떼르 아 떼르(terre-à-terre)로 이어졌어요. 땅 드 꾸랑뜨나 땅 드 샤콘느는 몇 가지 스텝이 합쳐진 옛날 스타일의 복합 스텝이에요. 반면 꾸뻬, 아띠뛰드, 그랑 롱 드 장브 등은 보다 집중적으로 한 가지 동작을 연습하는 새로운 방식이었지요.

블라시스 선생님은 삐루에뜨를 엄청 강조하셨어요. 이전 세대 무용수들은 멋지게 걷고 뛰긴 했어도 회전 동작에는 소홀했거든요. 하지만 선생님은 삐루에뜨를 준비, 회전, 마무리 단계로 분해해 완벽한 평형 상태에서 돌고 착지하도록 끝없이 연습시켰습니다. 발가락을 바닥에 쫙 펼쳐 붙이고 그 위에서 몸통이 흔들리지 않게, 팔다리 라인은 정확히 유지하면서 돌아야 하는 거죠.

또한 선생님은 회전할 때 어지러움을 줄이기 위해 한 지점을 바라보는 스폿팅(spotting) 기술을 개발하고 온갖 새로운 삐루에뜨 자세들을 개발했습니다. 〈돈키호테〉 중 키트리-바실리오의 빠 드 두에서 마지막에 남성이 한 다리를 옆으로 벌려서 도는 삐루에뜨를 기억하나요? 선생님은 심지어 이렇게 돌다가 앙 아띠

그림 9. 블라시스가 머큐리상(좌)을 보고 고안한 아띠뛰드(중)와 아라베스끄(우)

뛰드로 끝나는 삐루에뜨를 개발하셨답니다. 삐루에뜨를 돌다가 3번 아라베스끄로 끝나는 동작도 있고요. 선생님 덕분에 이탈리아 무용수들의 회전 실력이 일취월장했습니다. 이후 제 후배인 피에리나 레냐니(Pierina Legnani)가 32바퀴 푸에떼로 러시아를 장악한 것도 이 전통 덕분입니다.

아띠뛰드와 아라베스끄는 선생님이 가장 사랑한 동작이었어요. 선생님은 조각가 지오반니 다 볼로냐(Giovanni da Bologna)가 만든 머큐리 동상에서 착안해 아띠뛰드를 만드셨지요(그림 9). 발끝 위에서 정교하게 균형을 잡고 있는 조각처럼 무용수도 자기 몸을 조각해야 한다고 생각하셨어요. 아라베스끄에 대한 사랑은 또 어떻고요. 선생님은 아라베스끄야말로 춤의 시학과 역학이 완벽하게 결합된 동작이라 보았어요. 춤의 기본 자세들이 수직성과 안정성을 강조하지만 결국 춤은 서 있는 게 아니라 움직여야 하는 것 아니겠어요? 상체와 하체를 수평으로 펼쳐 역균형(counterbalance)을 찾는 아라베스끄야말로 가장 불안정하고도 역동적인 자세지요. 따라서 발끝 위에서 완벽한 균형을 이룰 때 아름답고 우아한 순간을 만들어냅니다. 역동 속 고요함이야말로 블라시스 선생님이 추구한 이상이었습니다. 낭만 발레가 그토록 유행할 수 있었던 것도 이처럼 과학적인 정교함과 미적인 우아함이 결합된 아라베스끄의 힘 덕분인지도 모릅니다.

블라시스 선생님의 수업 또한 남달랐습니다. 선생님은 저희에게 자신의 몸을 자세히 관찰하라고 했어요. 아니, 몸의 표면이 아니라 몸을 꿰뚫는 선을 보게 했어요. 선생님은 몸의 각 지점들을 연결하는 점선을 교본에도 그려 넣기도 하셨습니다. 그러고는 어떤 부위가 어디에 놓여야 하는지, 다른 부위와의 관계가 어떠해야 하는지, 왜 그래야 하는지를 과학적으로 설명해주셨답니다. 저는 그때 '움직임 축'이니 '역균형', '중력선' 같은 개념을 처음 접했답니다. 선생님의 설명을 듣다 보면 제가 움직이는 과학자 같다는 생각이 들 정도였어요.

선생님의 수업 방식은 과연 '새로운 교수 방법'이라 자화자찬할 만했습니다. 선생님은 먼저 선과 형태들을 하나하나 칠판에 그리고는 학생들도 작은 석판에 따라 그리게 한 다음 늘 들고 다니면서 외우게 했답니다. 마치 어린아이들이 ABC를 외우듯 춤의 '코드'를 외우게 했어요. 선생님이 교본에 《테르프시코레의 코드》라는 제목을 붙인 이유를 아시겠지요?

하지만 과학만으로 발레를 할 수 있는 건 아닙니다. 선생님은 아름다움과 우아함을 매우 강조했어요. 문학과 미술, 음악에 두루 정통했던 분이라 그림과 음악에 대한 좋은 취향을 길러야 좋은 무용수, 나아가 좋은 안무가가 될 수 있다고 강조했지요. 저는 블라시스 선생님이야말로 우아함과 비르투오소로 분열됐던 발레를 통합한 분이라고 생각해요. 당시 유명했던 노베르 선생님은 무용수들이 테크닉 과시에만 몰두한다고 비판했지만, 블라시스 선생님은 테크닉을 인정하면서도 바로크 시대의 우아함과 결합시키려 했지요.

블라시스 선생님은 꾸준하고 성실한 연습을 강조했습니다. 미술계에는 "하루라도 선 긋는 연습을 빼먹지 말라(Nulla dies sine Linea)"라는 말이 있다고 합니다. 선생님 역시 매일 꾸준히, 무리하지 않게 연습하라고 하셨어요. 또한 펜싱이나 승마 같은 운동은 무용에 방해가 되니 못 하게 하셨어요. 요즘 무용수들도 휴대전화 많이 보면 거북목 된다고 혼나죠. 그것과 비슷하다고 생각하면 됩니다.

그런데 이처럼 부단히 노력하면 누구나 좋은 무용수가 될까요? 선생님은 아니라고 하셨을 것 같아요. 선생님이 감독하던 라스칼라 발레 학교에서는 만 여덟 살의 아이들을 뽑았는데 왜 그랬을까요? 그때쯤이면 아이들이 수업 내용을 받아들일 수 있을 만큼 머리가 여물었을 뿐만 아니라 미래의 키와 체격을 가늠할 수 있었기 때문이지요. 선생님은 교본에서 '품위 있는 신장과 우아한 체격을 갖출 전망이 있는지 판단'해야 하며 '기본 조건이 안 되면 명성을 얻을 수 없다'며 냉정하게 말씀했어요. 저처럼 어렸을 때 작고 통통했던 아이는 아예 기회가 없었을 거예요. 될 만한 싹을 골라 열심히 키운다는 것이니 철저히 엘리트 교육이라 할 수 있죠.

또한 선생님은 스스로 최고 수준의 무용수였던 사람만이 훌륭한 교사가 될 수 있다고 생각했어요. 제대로 춤을 춰본 경험이 없는 사람이 교사가 되면 동작의 원리도 모른 채 기계적으로 반복시킬 거라고요. 한참 솔리스트로 활동하던 20대 때 《춤 예술의 기초 이론과 실기》라는 교본을 쓴 선생님의 자신만만함이 느껴지나요? 글쎄요, 요즘은 좋은 무용수가 반드시 좋은 교사가 된다고 생각하진 않잖아요. 교육도 하나의 기술이니까요. 그런데 당시엔 발레 교육에 대한 책은 고사하고 발레에 대한 책도 별로 없었어요. 발레가 하나의 장르로 독립했지만 춤을 춰본 경험이 없는 이들이 오직 언변으로 글을 썼으니까요. 위대한 무용수이자 교사인 도베르발, 가르델, 베스트리스는 글을 쓰지 않았지요. 선생님이 그토록 현장 경험을 강조했던 이유를 짐작할 수 있는 대목이에요. 실제로 블라시스 선생님의 교본들은 영국과 이탈리아, 프랑스에서 출간되며 발레 교육에 큰 영향을 주었답니다.

하지만 블라시스 선생님이 남긴 가장 큰 유산은 관객들이 바닥에서 눈을 떼서 무용수의 몸을 바라보게 한 것이 아닐까요? 바로크 시대의 춤은 무용수가 이동하며 바닥에 멋진 도형을 그리는 것이었잖아요. 그런데 이젠 바닥이 아니라 무용수의 몸에서 기하학적인 도형을 보게 된 것이죠. 또한 예전엔 가만히 서 있을 때의 우아함을 강조했는데 이젠 움직이는 몸의 역동성과 아름다움을 만들게 했습니다. 바로 선생님 덕분에 발레 무용수는 더 이상 무용수로만 존재하지 않고, 과학자이자 조각가, 시인이 됐답니다.

흔히 발레는 이탈리아에서 시작돼 프랑스에서 꽃피우고 러시아에서 완성됐다고 말하지요. 저는 이 말을 들을 때마다 이탈리아가 초기 이외에는 별 볼 일 없는 것처럼 느껴집니다. 실제로 블라시스 선생님도 파리 오페라에서 수학했어요. 하지만 선생님이 라스칼라로 돌아와 20년간 헌신한 덕분에 지오반니 레프리(Giovanni Lepri), 엔리코 체케티(Enrico Cecchetti)로 이어지는 위대한 이탈리아 발레 마스터의 전통이 생겨나고 무수한 스타 무용수들도 배출했습니다. 그러고 보면 개인은 위대합니다. 스승은 더욱 그렇고요.

깊은 애정을 담아,
파니 체리토

포인트 워크의
탄생

 발레라 하면 발끝으로 춤추는 이미지가 제일 먼저 떠오를 것입니다. 어린아이도, 어른도 발레라 하면 깨끼발로 총총거리죠. 발레 무용수들은 발끝으로 올라서기 위해 수많은 시간을 보냅니다. 몸의 정렬을 맞추고 발목과 무릎을 강화하는 긴 준비 단계를 거친 후에야 포인트 슈즈(pointe shoes)를 신어요. 포인트 슈즈는 전문적인 발레 무용수로 향하는 통과 의례가 됐습니다.

 하지만 포인트 슈즈를 신고 발끝으로 춤춘 것은 그리 오래되지 않았습니다. 18세기 초만 하더라도 무용수들이 굽 높은 구두를 신고 춤추었으니까요. 그러다가 마리 카마르고(Marie Camargo)가 구두 굽을 떼어내고 남성 무용수의 테크닉을 소화해낸 후로 플랫 슈즈가 점차 자리 잡았습니다. 발밑으로 주름을 잡아 발에 꼭 맞춘 납작하고 부드러운 슈즈 덕분에 점프, 턴, 그리고 섬세한 발동작이 가능해졌습니다. 무용수들이 이 부드러운 신발을 신고 발끝으로 올라서기 시작하면서 포인트 슈즈가 탄생하게

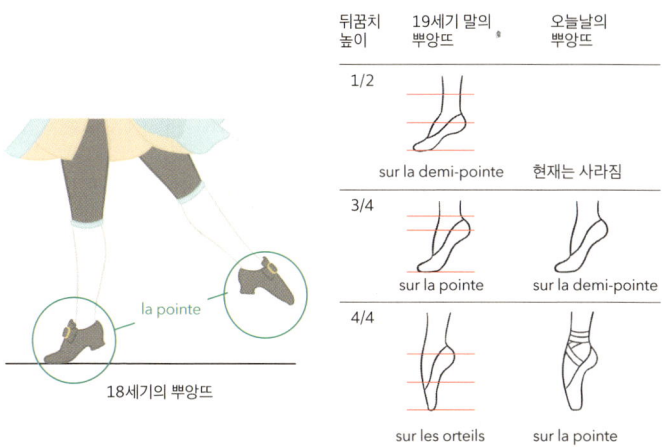

18세기의 뿌앙뜨

됩니다.

포인트 슈즈[1]는 발레의 모습을 크게 바꿔놓았습니다. 하지만 갑자기 등장한 것은 아닙니다. 뒤꿈치를 들어 올려 발볼로 섰다가 무릎과 발목을 구부리며 착지하는 동작은 르네상스 시대부터 춤의 기본적인 어휘였으니까요. 다만 용어와 기법이 지금과는 달랐습니다.

18세기 춤에서 뿌앙뜨(la pointe)는 몸무게를 지탱하는 발(supporting leg)에선 발볼로 올라선 상태, 그리고 무게를 지탱하지 않은 발(working leg)에선 발끝까지 편 상태를 지칭했습니다. 다리의 기능에 따라 지칭하는 바가 달라지는 것입니다. 19세기 말이 되면서 뿌앙뜨는 뒤꿈치의 높이에 따라 크게 세 가지로 세분화됐

---

[1] 'pointe'는 불어인 '뿌앙뜨'라 발음하는 것이 정확합니다. 하지만 국내에서 일반적으로 '포인트'로 발음된다는 점, 영어 단어와 결합된 포인트 슈즈, 포인트 워크 등으로 파생된다는 점에서 본문에서는 포인트라 표기합니다. 단, 드미-뿌앙뜨/뿌앙뜨의 구분, 앙 뿌앙뜨나 쉬 라 뿌앙뜨 등 불어 용어에서는 불어식으로 표기합니다.

습니다. 뒤꿈치를 발바닥의 1/2 높이로 들어 올린 드미-뿌앙뜨(sur la demi-pointe), 3/4로 들어 올린 뿌앙뜨(sur la pointe), 그리고 발끝으로 완전히 선 오르테유(sur les orteils)가 있었습니다(오르테유는 말 그대로 발가락을 뜻합니다). 소프트 슈즈를 신고 발끝으로 섰던 동작입니다. 뿌앙뜨를 1/2과 3/4 높이로 구분했던 방식은 20세기 초의 발레 테크닉으로 이어져 오늘날에도 부르농빌이나 체케티 등 역사가 오래된 발레 메소드에서 발견됩니다.[2]

하지만 점차 드미-뿌앙뜨가 사라졌습니다. 18세기 바로크 댄스부터 이어진 오랜 기법인데 왜 사라졌을까요? 추측건대 발레 테크닉이 발전하면서 뒤꿈치를 반쯤 들어 올린 드미-뿌앙뜨가 뿌앙뜨를 어중간하게 한 것처럼 보이기 시작했을 것입니다. 마치 발레의 다섯 가지 발 자세 중에서 두 발을 반쯤 겹치는 3번 자세가 두 발을 완전히 겹치는 5번 자세의 미완성처럼 여겨지면서 사라졌듯이 말이죠. 또한 소프트 슈즈를 신고 발끝으로 서는 관행도 사라졌습니다. 드미-뿌앙뜨가 사라지면서 용어도 재정립됩니다. 오늘날 '오르테유'라는 자세가 사라지고 드미-뿌앙뜨와 뿌앙뜨가 남았습니다. 이전의 뿌앙뜨는 드미-뿌앙뜨가, 오르테유는 뿌앙뜨가 됐지요.

뿌앙뜨를 단련하는 훈련을 포인트 워크(pointe work)라 합니다. 포인트 슈즈가 개발되기 전부터 포인트 워크는 있었어요. 무용수들은 뒤꿈치를 높이 들었다가 부드럽게 내려오기 위해 발바닥 힘과 유연성을 기르는 데 집중했습니다. 소프트 슈즈를 신

---

[2] 포인트 워크의 구분은 19세기 초중반에 활약한 발레 마스터 레옹 미셸(Léon Michel), 그리고 그의 아들인 아르튀르 생-레옹의 교본에서 찾을 수 있습니다.

고 발끝으로 올라서기 위해 특별한 훈련들이 고안됐습니다. 일례로 엄지발가락으로 수행하는 샹쥬망(changements sur les orteils)이라는 동작이 있었다고 합니다. 샹쥬망은 5번 자세에서 다리를 벌리며 올라섰다가 발 위치를 바꾸며 내려오는 동작인데요. 발볼이 아닌 엄지발가락으로 올라선다고 하니 너무 힘들겠지요.

흥미로운 점은 포인트 워크를 하는 데 남녀의 구별이 없었다는 점입니다. 우리는 포인트 워크를 발레리나의 전유물로 여기지만 19세기 초만 하더라도 그렇지 않았습니다. 심지어 발끝으로 잘 올라서서 유명해진 남성 무용수도 있었습니다. 그러고 보면 발끝으로 올라선다는 동작은 본질적으로 남성적이거나 여성적이지 않습니다.

그럼 언제부터 포인트 워크가 여성 무용수의 전유물이 됐을까요? 그것은 발끝으로 올라선 동작이 여성적인 것으로 해석됐을 때부터라 할 수 있습니다. 달리 말해 포인트 워크를 여성화한 것은 기술이 아니라 문화입니다. 전반적으로 발레가 여성의 영역이 되면서 포인트 워크도 여성화된 것이지요.

1796년 프랑스 안무가 샤를-루이 디들로(Charles-Louis Didelot)는 〈플로르와 제피르Flore et Zéphire〉라는 단막 발레를 만들었습니다. 북쪽 바람의 신 보레아스가 서쪽 바람의 신 제피르의 아내 플로르를 겁탈한다는 이야기가 주요 내용입니다. 디들로는 신을 표현하기 위해 엔지니어와 함께 '비행 기계 장치'를 고안했습니다. 여성 무용수들이 기계 장치에 몸을 연결시킨 상태로 발끝으로 중심을 잡으면 공중으로 떠올라 잠시 머물 수 있었다고 합니다. 초연에서 이러한 동작들을 본 관객들이 얼마나 놀랐을

그림 10. 〈플로르와 제피르〉에서 플로르 역의 마리 탈리오니(1831)

지 짐작이 되나요? 마리 탈리오니(그림 10)를 보면 짧은 순간 발가락 끝으로 완전히 올라선 흔적들이 남아 있습니다. 포인트 워크가 날아오르는 여성으로 형상화된 지점입니다.

〈플로르와 제피르〉의 대성공 이후 발레리나들은 기계 장치 없이도 발끝으로 올라서서 춤추기 시작했습니다. 1823년 이탈리아의 무용수 아말리아 부르놀리(Amalia Brugnoli)는 처음 발끝으로 춤춘 사람으로 알려져 있습니다. 이탈리아 발레리나들이 곡예적인 볼거리로 소비하던 포인트 워크가 예술적인 표현으로 인정받은 계기는 필리포 탈리오니의 〈라 실피드La Sylphide〉(1832)였습니다. 〈플로르와 제피르〉보다 30여 년 후에 나온 〈라 실피드〉는 포인트 워크의 진화를 한껏 보여줍니다. 요정처럼 가볍게 발끝으로 올라서는 탈리오니만의 포인트 워크는 곧 춤추는 방법이 아니라 춤 자체의 정체성이 돼버립니다. 발끝으로 가볍고 우아하고 편안하게 춤추는 것이 발레의 목표가 된 것이지요.

그런데 발끝으로 서기란 얼마나 자연스럽지 않은 움직임인가요. 그토록 자연스럽지 못한 걸 해내려면 여러 가지 묘수를 고안해야 합니다. 대표적인 방법은 슈즈를 발전시키는 것입니다. 무용수들은 조금이라도 오래, 조금이라도 편하게 발끝으로 서기 위해 부드러운 슈즈의 앞부분을 꿰매서 단단하게 만들고, 밑창의 가죽을 무두질해 강화하거나 슈즈 안에 마분지 밑창을 덧대어 신기도 했습니다. 소프트 슈즈가 점차 포인트 슈즈로 진화한 것입니다.

19세기 말이 되자 이탈리아의 구두 장인들은 밑창이 단단하고 여러 겹의 천을 굳혀 만든 토박스까지 갖춘 포인트 슈즈를 만들었습니다. 니콜리니(Nicolini)라는 장인은 포인트 슈즈를 러시아까지 수출했습니다(이를 기려 무용 용품사 카페지오에선 '니콜리니' 모델을 출시했지요). 이탈리아의 발레리나들은 단단한 포인트 슈즈를 신고 눈부신 테크닉을 선보였습니다. 대표적인 인물이 피에리나 레냐니입니다(그림 11). 1892년 마리우스 프티파(Marius Petipa)의 〈백조의 호수〉 중 흑조 빠 드 두에서 32바퀴의 푸에떼 동작을 선보인 바로 그 발레리나예요. 이렇듯 포인트 워크가 러시아 관객을 휘어잡자 이탈리아 무용수와 발레 마스터, 그리고 포인트 슈즈도 러시아로 대거 유입됐습니다.

그림 11. 피에리나 레냐니의 포인트 테크닉

성중립적인 기술로 시작했던 포인트 워크는 순식간에 발레리나의 전유물이 됐습니다. 이는 어떤 변화를 가져왔을까요? 우선 남녀의 주요 동작이 구분되었습니다. 남성이 그랑 알레그로(grand allégro)의 큰 점프로 무대를 장악하는 마네쥬(manège)를 하면 여성은 발끝으로 섬세하고 가벼운 동작을 행하거나 셰네, 삐께, 푸에떼 등 발끝으로 회전하는 동작을 선보였습니다. 발레 클래스의 모습도 점차 바뀌었습니다. 남녀가 동일하게 바워크와 센터워크를 행하더라도 마지막엔 남성은 마네쥬를, 여성은 포인트 워크를 따로 연습하게 됐지요.

남녀의 관계도 바뀌었습니다. 바로크 시대엔 남녀가 나란히 서서 거의 동일한 동작을 했습니다. 그런데 낭만 발레부터는 발끝으로 올라선 여성 무용수를 남성이 뒤에서 지지하고 조작하는 방식으로 바뀐 것입니다. 여성이 남성의 앞에 서지만, 불안정한 자세 때문에 남성에 의존해야 합니다. 이렇듯 포인트 워크가 발레에서 남성다움과 여성다움을 정의하고 나아가 강화시켰다고 할 수 있습니다.

그런데 포인트 워크가 여성의 전유물이 된 것이 좋은 것일까요? 본질적으로 여성스러운 것이 아니었다면 앞으로도 바뀔 수 있을까요? 최근 들어 포인트 워크를 실험하는 남성 무용수들이 늘고 있습니다. 이전에도 트로카데로 발레단(Les Ballets Trockadero de Monte Carlo)처럼 코믹한 효과를 위해 포인트 워크를 활용한 경우는 있었습니다. 하지만 최근에는 테크닉을 발전시키고 예술적 표현을 확장하기 위해 포인트 워크를 활용하고 있습니다. 2017년 미국의 〈댄스매거진〉에는 '왜 남성이 포인트 훈련을 해야 하는가'에 대해 설명하는 기사가 실린 적 있습니다. 포인트 워크를 하게 되면 몸의 수직축과 무게 중심을 좀 더 명확하게 감지할 수 있고 회전 동작을 비롯해 움직임의 역동성과 속도를 끌어올릴 수 있다는 것이 핵심이었습니다.

분명한 것은 포인트 워크가 그 자체로 흥미로운 표현 도구라는 점입니다. 캐나다 안무가 에두아르 록(Édouard Lock)의 〈아멜리아Amelia〉(2003)에선 검은 양복을 입은 남성 무용수가 포인트 슈즈를 신고 세련되고 진지하게 춤을 춥니다. 록은 포인트 워크를 젠더 중립적 표현 도구로 활용할 것을 주장하며 이렇게 말했습니다.

앙 뿌앙뜨(en pointe)를 특별한 미학과 연결시키려는 생각은 틀렸다. 이는 안무적 도구이며 여러 다양한 방식으로 갈 수 있다. … 나는 뿌앙뜨가 팔다리의 라인을 창조함으로써 몸 형태를 정의한다는 점에서 좋다.[3]

여성 무용수들은 발끝으로 서기 위해 수많은 시간을 연습실에서 보냅니다. 여기에 몰두하고 있을 때엔 그저 잘하겠다는 목표만 보일 뿐입니다. 하지만 조금 물러나보면 반드시 지금까지의 방식을 고수해야 하는 법은 없습니다. 발끝으로 서는 방법도, 도구도, 목적도 고정된 것은 하나도 없습니다. 저는 포인트 워크의 변신을 기대하고 있습니다. 어쩌면 지금 어느 연습실에서 조용히 시작되고 있을지도 모르겠네요.

---

[3] Kevin Griffin, (2007. 6. 11.) Choreographer's male dancers get straight to the pointe. *Vancouver Sun*. https://www.pressreader.com/canada/vancouver-sun/20070611/282003258004341

제4장

연습실

거울과 바가 있는
연습실

 발레 연습실엔 늘 아련함이 배어 있습니다. 높다란 천장과 널따란 바닥으로 확장된 공간에 들어서면 현실 생활의 감각에서 벗어나 문득 작아진 자신을 마주하게 됩니다. 조금씩 익숙해질 때면 주변의 사물들이 눈에 들어옵니다. 낡은 바와 스크래치가 가득한 고무판 바닥, 간단한 오디오 플레이어와 의자 정도가 놓여 있습니다. 시선을 뺏거나 불필요한 장식을 배제했기에 단출하고 간결합니다. 무수한 이들이 들어와 땀 흘리고 거친 숨을 뱉으며 움직이다가 사라지고 나면 다시 고요해지는 공간.

 무용수들이 하나둘씩 들어옵니다. 저마다 익숙한 곳에 자리 잡고는 공과 풋롤러, 스트레칭 밴드 등을 이용해 몸을 풉니다. 발레 마스터가 들어오고 클래스가 시작됩니다. 서로의 진로를 방해하지 않으면서 최대한 넓은 공간을 확보한 채 몰입한 이들은 제각각의 소우주입니다. 클래스가 끝나도 연습실은 비질 않습니다. 무용수들이 홀로 연습하고, 스트레칭과 근력 운동을 하고, 포인트 슈즈를 꿰매고, 동료와 대화를 나누고, 때론 구석에서 몸을 구긴 채 잠들기도 합니다. 많은 이들의 꿈과 한숨과 노력이 여러 겹 배어든 이 공간의 역사를 거슬러 올라가면 어떤 이야기를 품고 있을까요?

200년 전 연습실의 풍경은 상당히 달랐습니다. 일단 집에서 개인 교습을 받는 것이 더 보편적이었으니까요. 그렇다면 여러 명이 모여 춤을 배웠던 초기의 연습실은 어떤 모습이었을까요? 17세기 말 파리의 유명한 댄싱 마스터였던 프랑수아 발롱(François Ballon)[1]의 교습소로 가봅시다. 널찍한 연습실에는 마루가 깔려 있습니다. 마룻바닥은 르네상스 시대부터 무도회장(ballroom)의 기본 조건이었습니다. 귀족들은 구두를 신고 미끄러지듯 부드럽게 춤을 추었습니다. 연습실엔 큰 거울 두 개와 작은 거울 하나가 놓여 있습니다. 발롱은 학생들이 거울을 보며 자신의 동작을 점검하고 단점을 고쳐야 한다고 조언했습니다. 이처럼 거울은 사교춤 시대부터 춤 연습실의 중요한 설비로 자리 잡았습니다. 그 외에 안락의자 두 개, 양단으로 장식된 벤치 네 개, 그리고 금박을 입힌 명판과 작은 크리스탈 샹들리에가 있었다고 합니다. 상당히 화려하고 기품 있는 공간이라 상상이 됩니다.

그런데 아무리 봐도 바가 보이지 않습니다. 아무것도 잡지 않고 연습한 걸까요? 거울 이외의 소품을 잘 둘러보십시오. 이 중에서 무엇이 바의 역할을 했을까요? 집에서 몸을 풀어본 발레 무용수라면 짐작하실 것입니다. 식탁 의자의 등받이를 잡고

---

[1] 프랑수아 발롱은 유명한 무용수이자 훗날 왕립 무용 아카데미 원장까지 지낸 클로드 발롱(Claude Ballon)의 아버지였습니다.

그림 1. 벽면 거울과 고정 바가 등장하는 드가의 그림

바를 하려 애쓰던 기억이 있을 테니까요. 18세기까지 학생들은 댄싱 마스터의 손을 잡거나 안락의자의 등받이를 잡고 연습했답니다. 어딘가에 의존해 중심을 잡으며 연습한 후 아무것도 잡지 않고 동일한 동작을 연습하는 방식으로 수업이 진행됐습니다. 이는 오늘날 바워크와 센터워크의 전신이라 할 수 있습니다.

벽에 고정된 바는 19세기 초에 등장했습니다. 파리 오페라의 무용수를 즐겨 그린 드가의 그림을 보면 허리 높이로 벽에 고정된 바에 다리를 올려두고 림바링(limbering)을 하는 무용수를 볼 수 있습니다(그림 1). 발레 클래스가 일대일 수업이 아니라 단체 수업으로 진행되면서 의자 등받이보다 튼튼하고 효율적인 바의 존재가 필요해진 것입니다. 18세기 말부터 파리 오페라 발레 학교를 중심으로 단체 수업이 일반화되면서 수업을 운용하는 체계도 바뀌었습니다. 작은 식당을 운영하는 것과 대규모 식당을 운영하는 것은 완전히 다른 일이지요. 바는 물리적으로 많은 인원을 수용할 수 있을 뿐만 아니라 불필요한 공간 이동을 줄여주므로 수업 진행의 효율을 높였습니다. 또한 바에 고정해 몸의 특정 부분을 타깃으로 하는 동작을 여러 번 반복하면서 테크닉을 집약적으로 훈련할 수 있었습니다. 그러니까 바는 발레 무용수를 배출하는 컨베이어 벨트라 할 수 있습니다.

그런데 드가의 그림에는 천장까지 닿는 거대한 거울도 등장합니다. 발롱의 연습실에 놓였던 큰 거울이라 해봤자 옷 가게 구석에 놓인 전신 거울 수준이었는데, 드가의 그림 속 거울은 천장까지 닿는 웅장한 크기입니다. 우아한 아치 기둥 사이의 벽면에 커다란 거울이 있고, 붉은 색 바가 벽을 따라 설치돼 있습니다. 연습실 중앙에서는 파리 오페라의 발레 마스터인 루이 메랑트(Louis Mérante)가 무용수를 지도하고 있고 그 옆에서 바이올린 반주자가 지시를 기다리고 있습니다. 다른 무용수들은 쉬고 있는데 한 명이 준비 자세를 잡고 있는 걸로 보아 하니 독무 연습을 하나 봅니다. 거울을 마주 보고 춤춘다는 점에서 거울을 통해 자신의 동작을 점검하면서 춤췄음을 알 수 있습니다.

드가가 그린 이 공간은 일반 발레 연습실이 아니라 파리 오페라 극장 내부의 무대 옆 공간인 포예 드 라 당스(Foyer de la danse)입니다. 이곳에서 공연 전에 클래스가 진행됐습니다. 무용수들은 처음엔 자유롭게 스트레칭을 하다가 바를 잡고 기본 동작을 연습한 후 대형 거울 앞에서 다양한 회전과 도약 동작을 연습했다고 합니다.

이러한 묘사만 보면 오늘날 발레단이 공연 전에 하는 클래스와 다를 바가 없습니다. 그런데 일반인에게 공개된 방식으로 클래스를 진행한 점이 독특합니다. 군무 무용수부터 스타 무용수까지 차례대로 연습실에 '입장'하고, 무용수의 엄마와 관객들이 북적거리며 구경했다고 합니다. 오늘날에도 발레 학교나 학원, 혹은 무용단에서 무용수의 기량 향상을 평가하거나 발레 대중화를 위해 오픈 클래스를 종종 진행하지요. 하지만 상시 오픈 클래스를 운영하면서 심지어 공연 중 무대에 등·퇴장할 때에도 외부인이 들락거리도록 놔둔 이유는 뭘까요?

　연습실을 외부인에게 개방한 이는 1831년 파리 오페라 극장의 첫 민간 극장장이 된 루이 베롱(Louis Véron)입니다. 혁명 후 파리 오페라 극장이 왕실의 지원으로부터 벗어나 시장 경제에 뛰어들게 되면서 그는 여성 무용수의 성적인 매력을 강조하고, 주역 무용수의 경쟁을 유도하며, 감각적이고 화려한 작품을 제작하는 방식으로 이윤을 창출했습니다. 포예 드 라 당스에 아무나 들어올 수 있던 것은 아닙니다. 시즌 티켓을 구매한 부유한 남성 관객만이 포예 드 라 당스에 입장해 여성 무용수들을 구경하고 '후원'했지요.

　포예 드 라 당스에 대형 거울이 처음 놓인 것도 그때입니다. 발레리나를 성적 대상화하는 데 앞장섰던 베롱 박사가 연습실에 대형 거울을 붙였다는 건 무슨 뜻일까요? 흔히 집을 꾸밀 때 거울로 공간을 확장시키듯 대형 거울은 시선이 닿는 공간을 확장시키고 숨은 공간을 드러내줍니다. 대형 거울은 무용수가 자신을 자아도취적인 시선으로 바라보고, 동료 무용수와 비교하며 시기하고 경쟁하게 만드는 장치였습니다. 또 후원자들이 춤에 몰두한 무용수를 훔쳐보도록 만드는 역할도 했죠. 모두가 모두를 바라보는 시선의 감옥에서 발레는 좀 더 눈요깃거리가 됐습니다.

이제 바닥을 봅시다. 무용수들은 바워크가 끝나면 마룻바닥에 물뿌리개로 물을 뿌려 미끄럽지 않게 하고 센터워크를 했습니다. 마루 위에서 미끄러지는 춤에서 발레가 발전했지만 미끄러지지 않도록 물을 뿌리고 연습하게 됐으니 발레가 얼마나 변했는지 실감하게 되는 대목입니다. 그런데 바닥이 경사진 연습실도 있었습니다. 당시 극장들은 객석에서 무대가 잘 보이도록 바닥을 경사지게 만들었습니다. 기울어진 바닥에서 오페라 가수가 노래하기는 괜찮아도 무용수가 돌고 뛰려면 무척 어려웠을 겁니다. 따라서 무용수들이 적응할 수 있도록 아예 경사진 연습실을 마련하기도 했습니다. 대표적으로 카를로 블라시스가 1837년 라스칼라 극장의 발레 학교를 맡았을 때 학교에는 두 개의 큰 연습실이 필요하며, 극장의 경사진 무대와 같이 바닥을 경사지게 만들어야 한다는 운영 원칙까지 만들었지요. 지금도 바가노바 발레 학교의 주요 연습실인 프티파 연습실은 마린스키 극장의 경사에 맞춰 기울어져 있답니다.

발레 반주:
바이올린에서 피아노로

여러분의 발레 클래스에서는 어떤 음악이 사용되나요? 아마 대부분 녹음된 발레 반주 CD일 것입니다. 리모컨을 손에 들고 시범을 보이는 발레 선생님의 이미지가 익숙하지요. 발레단과 일부 학교에는 반주자가 있습니다. 반주자가 연주해주면 훨씬 풍성한 사운드로 클래스의 감성과 에너지를 끌어올릴 뿐만 아니라 교사가 원하는 박자와 빠르기, 분위기와 길이를 즉석에서 맞춰주기 때문에 효율적으로 수업을 운영할 수 있습니다. 교사가 입으로 "야타타, 야타타…" 하고 곡의 느낌을 표현하면 반주자가 비슷하게 연주하며 화답하는 풍경은 언제 보아도 신기합니다.

그런데 100년 전만 하더라도 발레 클래스에 피아니스트 반주자가 없었습니다. 발레 클래스에는 바이올린 반주가 기본값이었기 때문입니다(그림 2). 반주자가 아예 없는 경우도 많았습니다. 대신 발레 교사가 바이올린을 직접 연주하며 가르쳤습니다. 제1장에서 살펴봤듯이 르네상스 시대의 댄싱 마스터들은 작은

그림 2. 바이올린 연주자가 보이는 발레 클래스 　　그림 3. 피아노 반주자와 함께 있는 체케티

바이올린을 연주했으며, 이 전통이 20세기 초의 발레 마스터까지 지속됐습니다.

그런데 1910년 러시아의 픽업 무용단인 발레 뤼스(Ballets Russes)가 프랑스에 왔을 때 발레 마스터인 체케티가 바이올린 대신 피아노 반주로 클래스를 가르치는 것을 보고 프랑스 무용가들이 깜짝 놀랐다고 해요(그림 3). 러시아 황실 발레 학교를 중심으로 발레 클래스의 반주가 바이올린에서 피아노로 바뀐 것입니다. 이러한 전환은 어떻게, 왜 이루어졌을까요?

바이올린 반주에서 피아노 반주로의 전환은 1900~1930년대 사이에 점진적으로 일어났습니다. 앞서 말했듯이 교사가 '포셰트(pochette)'라 불리던 휴대용 바이올린으로 반주하는 것이 춤 수업의 기본값이었지만 낭만 발레 이후엔 교사와 반주자가 분리됐습니다. 앞에서 살펴본 드가의 그림에서 교사 옆에 앉은 바이올린 연주자를 보셨나요(그림1)? 각 영역의 전문성이 심화되고 수업의 밀도가 높아지면서 자연스럽게 분업이 이루어진 것으로 보입니다.

하지만 발레 교사와 반주자가 분리된 이후에도 발레 마스터들은 오랫동안 직접 바이올린을 연주하곤 했습니다. 바이올린은 발레 마스터의 교양이었기 때문에 필요할 때면 언제든 연주할 수 있었습니다. 연구에 따르면 황실 발레 학교에선 반주자 비용을 보조해줬지만, 교사의 개인 비용이 추가로 발생했기 때문에 직접 반주하는 이가 많았다고 합니다. 크리스티앙 요한슨(Christian Johansson), 니콜라이 레가트(Nikolai Legat), 아르튀르 생-레옹, 엔리코 체케티 등이 바이올린으로 직접 반주했고, 그중에서도 파가니니의 제자였던 생-레옹은 연주 솜씨가 수준급이었던 것으로 유명합니다.

그런데 어쩌다가 발레 연습실에 피아노가 들어오게 됐을까요? 피아노는 1700년경에 발명됐습니다. 이후 19세기 초에는 업라이트 형태로 개량되고 보편화되면서 전문 연주자를 배출했습니다. 그 덕분에 악기와 악보도 널리 보급됐습니다. 특히 여성의 교양 교육으로 여겨질 정도였지요. 그럼에도 발레 클래스에는 쉽게 진입하지 못했습니다. 발레 클래스 반주는 바이올린을 중심으로 레퍼토리와 관습이 만들어졌고 또 오랜 시간 발레 마스터들에 의해 전해져 내려온 굉장히 좁고 전문적인 영역이었기 때문입니다.

대표적인 것이 체케티가 쓴 〈파블로바 북Pavlova Book〉입니다. 1908년 스톡홀름, 코펜하겐 등으로 투어를 가게 된 안나 파블로바를 위해 체케티가 손으로 써서 전해준 연습용 악보집인데 모두 바이올린 반주용으로 작성됐습니다. 이렇듯 만약 피아니스트가 발레 클래스의 반주자가 되려면 기존에 축적된 레퍼토리가 없는 상태에서 시작해야 했습니다.

즉흥 연주 역시 문제였습니다. 발레 클래스의 반주자라면 교사가 원하는 템포나 리듬을 즉석에서 만들어내는 능력이 무엇보다도 중요했습니다. 따라서 복잡한 음계를 오가는 곡을 연주하도록 훈련받은 피아니스트로선 즉흥적으로 음을 만들어내며 연주해야 하는 상황에 적응하기 어려웠습니다.

현실적인 인프라의 차이 외에도 발레 음악, 나아가 무용 음악에 대한 부정적인 관념 역시 피아노의 도입을 지체시켰습니다. 알려진 바대로 19세기 말까지 발레 음악은 춤추기 좋은 쉬운 박자와 멜로디를 만들어내는 영역이라 여겨졌습니다. 차이콥스키가 "'발레 음악'이라는 용어가 '부끄러운' 것으로 여겨지는지 이해하지 못하겠다"는 말을 남겼을 정도였지요.

차이콥스키의 발레 음악은 무용 음악의 지위를 높이는 데 크게 기여했습니다. 또 음악 교육가인 에밀 자크-달크로즈(Émile Jaques-Dalcroze)가 유리드믹스(Eurhythmics)를 창안해 많은 음악가와 무용가들에게 신체 움직임과 음악의 연관성을 강조한 것 역시 무용 음악의 발전에 기여했습니다. 이사도라 던컨의 영향도 있습니다. 던컨은 원래 단순한 음악에 맞춰 춤을 췄지만 더 나은 음악을 사용하라는 음악 비평가의 조언에 따라 글룩, 베토벤, 차이콥스키, 바그너 등의 교향악적인 음악을 사용했지요. 당시엔 춤과 음악이 어울리지 않는다고 비난을 받았지만 그 덕분에 무용 음악이 풍부한 사운드와 뉘앙스를 가질 수 있다는 것이 널리 알려지게 됐습니다.

발레 음악의 수준이 향상되면서 발레 클래스에서도 교향악적인 음악을 받아들이게 됩니다. 바이올린이 단선율의 멜로디를 따라가는 악기라면, 피아노는 '작은 오케스트라'라 할 정도로 복잡하고 풍부한 음향을 만들어냅니다. 무용 음악이 멜로디 위주에서 교향악적인 양감으로 확대되면서부터 발레 클래스 반주 역시 피아노를 받아들이게 됐습니다. 게다가 작품 리허설에서 오케스트라 악보를 커버하려면 두 대의 바이올린을 사용해야 했지만, 피아노는 한 대로도 커버할 수 있으니 편리한 점도 작용했죠.

결국 서서히 발레 클래스에서 피아노가 바이올린을 대체하기 시작했습니다. 1915년 러시아의 개혁적인 발레 마스터인 알렉산드르 고르스키(Aleksandr Alekseev Gorskii)는 볼쇼이 발레 학교를 개혁하기 위해 여러 가지 규칙을 제정하면서 피아노 반주를 원칙으로 삼았다고 합니다. 바이올린과 피아노가 공존하던 시절이 끝난 것입니다. 1934년에 발간된 아그리피나 바가노바(Agrippina Vaganova)의 교본도 피아노 악보만 수록하고 있습니다. 피아노 반주가 발레 클래스의 기본값이 된 것입니다.

발레 반주는 피아노와 발레의 교집합을 이루는 전문 영역입니다. 건반 화성에 대한 이해와 즉흥 연주, 나아가 발레 동작에 대한 이해를 모두 갖춰야 하니 어렵겠지요? 좁디좁은 세계다 보니 피아노 전공자 중에서 알음알음 혹은 우연히 반주를 맡게 된 이들이 시행착오를 거치며 반주자로 자리 잡는 경우가 많았습니다. 하지만 점차 제도화되는 추세입니다. 1990년대 말부터 바가노바 발레 학교, 프랑스의 리옹 국립 음악원, 독일의 드레스덴 음악 학교 등에 발레 반주 전공이 생겨났고 우리나라에도 한국예술종합학교와 성신여자대학교에 발레 반주 전공 학위 프로그램이 있습니다. 여러 단기 연수 과정은 말할 것도 없고요.

이렇게 배출된 발레 반주자들이 발레 클래스의 음악을 더욱 풍성하게 만들어주고 있습니다. 반주자들은 클래식 발레의 레퍼토리, 혹은 뮤지컬의 히트송이나 크리스마스 캐럴 등 다양한 음악을 수업에 맞게 편곡하거나, 자신이 직접 작곡하거나, 즉흥적으로 연주하기도 합니다. 발레 교사도 그날그날의 수업 분위기나 목표에 따라 음악을 선택하고 지도합니다. 그만큼 발레 클래스 음악은 교사의 취향이나 클래스의 지향점을 드러내는 중요한 요소가 됐습니다.

발레 연습복:
드레스에서 레오타드로

발레 무용수들은 레오타드를 입고 살아갑니다. 무대 위에선 갖가지 의상을 입지만 하루 종일 입고 있는 건 역시나 익숙한 레오타드입니다. 레오타드는 얇고 매끄러우며 신축성이 좋아 몸을 편안하게 감싸줍니다. 연습복인 레오타드는 일상복이나 무대 의상과 구별됩니다. 하지만 발레의 역사에서 일상복, 연습복, 그리고 무대 의상은 뚜렷하게 구별되지 않았습니다. 오랫동안 무용수들은 평상복을 입은 상태에서 연습했고 무대에 오를 때에도 배역을 표현하는 의상보다는 자신의 사회적 지위나 부와 외모를 과시하는 의상을 입었기 때문입니다. 따라서 연습복의 역사는 곧 일상복 및 무대복의 역사와 긴밀하게 얽혀 있습니다.

귀족들의 의복은 거추장스러웠습니다. 궁정 발레의 테크닉이 귀족 남성 중심으로 발전한 이유로 가부장적인 사회인 탓도 있지만 귀족 남성의 의복이 여성의 의복보다 단출했다는 점도 한몫합니다. 18세기 귀족 남성들은 실크 스타킹과 무릎까지 오

그림 4. 귀족 남성의 토늘레 의상

는 반바지(chausse), 몸에 딱 붙는 재킷 혹은 원피스 모양의 토늘레(tonnelet)를 걸치고 버클이나 리본이 달린 하이힐 구두를 신었습니다. 여성의 의복에 비해 부피가 적어 간편하게 움직일 수 있었지요. 화려한 의복 아래로 턴아웃된 다리와 종아리의 근육을 자랑했답니다. 〈그림 4〉에서처럼 남성 무용수들이 오늘날의 튜튜(tutu)처럼 화려하게 장식된 토늘레를 입고 다리의 각선미와 섬세한 발동작을 자랑했다고 하니 낯설어 보이죠? 이처럼 발레에서 여성다움과 남성다움은 지금과는 상당히 달랐음을 알 수 있습니다.

반면 귀족 여성들은 후프로 커다랗게 부풀린 여러 겹의 긴 치마에 코르셋으로 꽉 조인 보디스(bodice)를 입었으며 무거운 가

그림 5. 귀족 여성의 드레스 의상

발과 복잡한 머리 장식을 했습니다. 코르셋은 갈수록 몸통을 옥죄었습니다. 〈그림 5〉를 보면 여성이 입은 코르셋이 얼마나 허리를 졸랐는지, 치마는 얼마나 거추장스웠는지 느껴집니다. 심지어 소매 구멍도 좁아서 팔을 편하게 올릴 수도, 내릴 수도 없었다고 합니다. 이런 차림으론 춤은커녕 일상생활도 불편했겠지요.

직업 무용수가 등장하면서 여성 무용수의 의상이 크게 변했다는 점은 의미심장합니다. 의상이 변하면서 곧 춤 테크닉이 발전하고 표현성이 확장됐음을 의미했으니까요. 18세기 초의 간판 스타였던 마리 카마르고와 마리 살레(Marie Sallé)를 예로 들어봅시다.

카마르고는 갑자기 아파서 공연을 할 수 없게 된 남성 주역

그림 6. 마리 카마르고

무용수 대신 등장해 즉흥적으로 어려운 동작을 소화해내며 일약 스타가 됐습니다. 그녀는 구두의 높은 굽을 떼버리고 남성 무용수들의 스텝이라 여겨지던 앙트르샤 꺄트르와 꺄브리올(cabriole)¹을 수행했습니다. 그런데 치마가 길고 풍성하여 움직이기 힘든 데다 발동작이 잘 보이지 않았지요. 자기 마음대로 치마 길이를 줄인 카마르고는 "예술가는 자기에게 주어진 의상을 입고 노래를 부르고 춤을 춰야 한다"는 오페라의 8번 규정을 어겼기에 비난을 받았습니다.

그런데 규정 위반보다도 외설적이라는 비난의 목소리가 더 컸습니다. 얼마나 야했을까요? 카마르고의 초상화를 들여다보

---

1 앙트르샤 꺄트르는 5번 자세에서 도약해 두 발을 두 번 교차한 후 5번으로 착지하는 동작이고, 꺄브리올은 한 다리를 공중으로 차올린 후 다른 다리로 부딪치고 착지하는 동작입니다.

그림 7. 발레리나의 치마 속을 들여다보는 풍자화 〈호즈 파리소〉

면 의아해집니다(그림 6). 겨우 발목이 드러나는 치마인 데다 그 안에 '정숙 바지(caleçon de précaution)'도 입었는데 말이죠. 옷을 둘러싼 규범이 문화적 맥락 속에서 형성되는 것임을 보여주는 대목입니다. 카마르고는 좀 더 편하게 움직이고 테크닉을 잘 보여주고 싶어서 치마 길이를 줄였지만 사람들은 외설적이라 비난했습니다. 발레의 의복을 둘러싼 긴장은 오늘날까지도 이어지고 있습니다.

결국 카마르고의 높은 인기 덕분에 그녀의 일탈은 용인됐습니다. 이후 여성 무용수의 의복이 더욱 간소화되고 테크닉이 발전하면서 남성 무용수와 동등한 움직임을 행할 수 있게 됐습니다. 하지만 이와 동시에 발레리나는 남성적 시선의 대상으로 전락하고 맙니다. 카마르고 시대부터 남성들이 발레리나의 치마 속을 들여다보는 이미지가 쏟아져 나왔습니다. 영국에서 활약했던 프랑스 무용수 호즈 파리소(Rose Parisot)는 심지어 치마가 들춰진 모습으로 풍자되곤 했습니다(그림 7). 겨우 발목 길이의 스커트를 입고 춤을 출 뿐인 데도 말이죠. 억압적인 관습에서 벗어나 한 발 나아가는 게 잘못된 것일까요, 아니면 엎드려서 망원경으로 치마 속을 들여다보는 것이 잘못된 것일까요? 여성이라면 조신하게 집에 있어야 한다는 사고방식에서 비롯한 멸시와 성적 대상화는 이처럼 무용수의 의복에까지 영향을 미쳤습니다.

한편 카마르고와 쌍벽을 이뤘던 살레는 발레 연습복의 또 다른 변화를 상징합니다. 파리 오페라의 무용수였던 살레는 1734년 런던에서 〈피그말리온Pygmalion〉이라는 작품으로 스타가 됐습니다. 제목에서 알 수 있듯이 아름다운 여성의 조각상을 만든 후 이와 사랑에 빠지는 조각가 피그말리온의 이야기를 다룬 작품입니다. 조각상 역을 맡은 살레는 거추장스러운 의상 대신 단순한 모슬린 튜닉을 입고 굽이 없는 샌들을 신었으며 머리 장식 없이 머리카락을 풀어 어깨 위로 늘어뜨렸습니다. 발레의 관습적인 의상 대신 작품 내용과 캐릭터에 맞는 의상을 입은 것입니다. 딱딱한 조각상이 점차 의식을 얻어 느리고도 우아한 움직임과 함께 주춧대 아래로 내려오면서 생명을 지닌 존재로 살아나는 과정을 보여준 것이지요. 살레의 런던 공연은 화제가 됐습니다. 살레가 튜닉을 입은 첫 무용수는 아니었지만 무엇보다 그녀의 뛰어난 연기력 덕분에 공연은 두 달 넘게 이어졌고, 무용 의상에 대한 관념까지 바꿔놓았습니다.

살레의 혁신적인 무대 의상은 갑자기 튀어나온 것이 아니었습니다. 16세기에 폼페이 유적이 발굴된 이래 유럽에서는 고대 그리스 로마를 문화 전반의 이상향으로 삼는 분위기가 형성됐습니다. 게다가 프랑스 혁명 직후엔 고대 그리스 로마의 의복인 튜닉이 유행하면서 여성들은 가슴선이 많이 노출되고 몸의 실루엣이 드러나는 하이웨이스트 드레스를 많이 입기 시작했습니다. 흔히 조세핀 보나파르트풍이라고 하지요. 당시에 흰색 모슬린으로 드레스를 만들었는데 세탁이 가능한 데다 청초한 느낌을 줘 크게 유행했습니다. 산업혁명과 노예제도로 인해 면직물 생산이 증가한 데 따른 산물이라고도 할 수 있습니다.

살레의 〈피그말리온〉 이후 한 세기가 지나 1820년대 카를로 블라시스가 쓴 발레 교본에는 다양한 의상과 연습복 차림의 남녀 무용수 삽화가 등장합니다. 그중에서도 그리스풍의 민소매 튜닉을 입고 부드럽고 발에 딱 맞는 슈즈를 신은 무용수들의 모습이 많습니다. 무겁고 화려한 의복을 차려 입었던 바로크 시대 춤 교본의 삽화와는 확연히 다르지요.

살레의 의상과 블라시스의 연습복에서 보듯 고대 그리스에 대한 선망은 무용수들이 관습과 규정에서 몸을 해방시키고 움직임을 탐색할 수 있는 좋은 구실로 작용했습니다. 일상복을 입고 노출을 했더라면 사회적 비난을 피할 수 없었겠지요. 카마르고는 겨우 발목을 드러내고도 비난을 받지 않았나요? 하지만 피그말리온의 조각상을 따라 하는 것은 용인됐습니다. 블라시스 삽화 속 여성 무용수는 태연히 한쪽 가슴을 드러내고 있습니다(그림 8). 고대 그리스라는 키워드는 스캔들에 휘말리지 않고도 마음껏 신체를 노출할 수 있게 해주는 마법의 주문이었습니다.

그림 8. 블라시스 교본 속 튜닉을 입은 무용수들

이러한 전략은 20세기 무용수들에게도 유효했습니다.[2] 회화에서처럼 춤에서도 고대 그리스는 무용수도 관객도 세간의 비난을 피할 수 있는 안전지대가 됐습니다.

그런데 카마르고의 짧은 치마나 살레의 튜닉이 사회문화적으로는 의심스런 눈초리의 대상이 됐을지라도 그들의 궁극적인 목적은 노출이 아니었습니다. 그들은 좀 더 가볍고 편안한 옷이 확장해주는 움직임의 세계에 매료됐고, 인간의 몸이 지닌 아름다움에 탐닉했습니다. 블라시스 시대에 비로소 발레 테크닉 중 회전 동작이 중요해졌다는 점을 보면 의복이 춤의 테크닉에 얼마나 큰 영향을 주는지 짐작할 수 있습니다. 발레가 본격적으로 몸을 분석해 체계적으로 가르치는 영역이 되면서 튜닉 차림은 볼썽사나

---

[2] 맨발에 그리스 튜닉을 입고 가슴을 드러낸 채 춤췄던 이사도라 던컨을 떠올릴 수 있습니다. 보수적인 미국 사회에서 T-팬티 차림으로 그리스 조각상을 모방하는 〈아도니스의 죽음Death of Adonis〉(1923)으로 인기를 끌었던 현대무용가 테드 숀(Ted Shawn)도 있습니다.

운 노출이 아닌, 진지하고 전문적인 연습복으로 거듭난 것입니다.

카마르고의 드레스와 살레의 튜닉은 서서히 중간 지점에서 만나게 됩니다. 1830년대가 되면서 코르셋으로 꽉 졸라 맨 보디스와 여러 겹의 페티코트로 부풀린 스커트가 유행합니다. 가느다란 허리와 모슬린 소재, 그리고 짧고 풍성한 스커트. 바로 낭만 발레의 상징인 튀튀가 등장하게 됩니다. 드가의 그림에서 보듯 튀튀는 무대 의상이자 연습복이었습니다.

여성 무용수의 연습복만큼은 아니지만 남성 무용수의 연습복 역시 변화를 겪었습니다. 그 시작 역시 좀 더 편하게 춤추고 잘 가르치고 싶다는 소박한 욕구에서 비롯됐습니다. 19세기 초 파리 오페라 발레 학교에서 남학생은 무릎 길이의 펑퍼짐한 반바지인 판탈롱(pantalon)을 입었습니다. 당시는 학교에 관련된 모든 사항이 규칙으로 정해지고 이를 정부 관계자에게 허락받아야 하던 시절이었습니다. 하지만 1822년 발레 학교 교장인 피에르 가르델은 수업 시간에 남학생이 판탈롱을 입지 않도록 해달라고 당국에 요청했습니다.

"춤의 기계적 완벽성은 엉덩이, 무릎, 발목 관절의 사용법에 달려 있습니다. 그중에서도 무릎은 엉덩이와 발목 사이에 위치하기 때문에 그 움직임을 통해 나머지 두 관절의 정확성을 판단할 수 있습니다. 따라서 무릎은 교사들이 가장 중시하는 부분입니다."[3]

---

3 John V. Chapman(1989). The Paris Opéra Ballet School, 1798-1827. *Dance Chronicle*, 12(2), pp. 196-220.

바지를 벗어도 된다는 것과 바지 착용을 금지한다는 건 큰 차이입니다. 그만큼 발레를 과학적이고 분석적으로 바라보게 됐으며 노출에 대한 사회적 잣대도 느슨해졌다는 것을 알 수 있습니다. 판탈롱을 금지했다고 해서 타이츠만 입은 것은 아닙니다. 남성 무용수 역시 여성처럼 타이츠 위에 부풀린 팬티와도 같은 '정숙 팬티'를 입었습니다.

이처럼 허벅지 라인을 드러내더라도 사타구니를 가려야 하는 규칙은 오랫동안 지켜져왔습니다. 1911년 바츨라프 니진스키(Vatslav Nizhinskii)가 러시아 황실 발레단의 〈지젤〉 공연 직전에 갑자기 정숙팬티를 벗고 무대에 오르기 전까지요.[4] 니진스키 이후 남성 무용수들은 허리선까지 오는 매끈한 타이츠를 신게 됐습니다. 가르델이 말했던 논리처럼 골반 부위의 사용법과 라인이 중요하니까요.

튜튜의 길이가 짧아지고 판탈롱이 사라지면서 타이츠가 중요해졌습니다. 낭만 발레 이후 여성 무용수도, 남성 무용수도 타이츠를 입었습니다. 그러면 타이츠는 어디서 왔을까요? 원래 타이츠는 서커스 공연자들 사이에서 유행했습니다. 파리 오페라의 무용수들은 전혀 입지 않았죠. 장르가 다르면 관습도 다르고 규칙도 다르니까요. 발레에 타이츠를 도입한 이는 안무가이자 발레 마스터인 샤를-루이 디들로입니다. 무용수들이 날아다니는 장치를 만들 정도로 만능 재주꾼인 그는 1791년 〈바쿠스와 아리아드네Bacchus et Ariadne〉라는 오페라의 안무를 맡으며 무

---

4 니진스키는 이 때문에 황실 발레단에서 퇴출돼 신생 무용단인 발레 뤼스에 합류하게 됩니다.

용수들에게 피부색의 타이츠에 호랑이 가죽 무늬 의상을 입혔습니다. 또한 맨살의 느낌을 주기 위해 의상 밑에 입는 의복인 플레싱(fleshing)을 발명했습니다. 유니타드의 전신이지요. 하지만 피부색 타이츠는 외설적이라는 논쟁을 일으켰고, 이것이 일반화되는 데까지는 좀 더 시간이 필요했습니다.

서커스의 영향을 받은 것은 타이츠만이 아닙니다. 튜튜 역시 점차 간소해졌습니다. 혁명 이후 파리 오페라 무용수들은 마이요(maillot)라는 바디수트를 입기 시작했습니다. 당시 파리 오페라의 의상 디자이너 이름에서 따왔다고 합니다. 그러다가 1859년 쥘 레오타르(Jules Léotard)라는 공중 곡예사가 유명해지면서 그가 즐겨 입던 마이요에 그의 이름을 붙여 레오타르라 부르게 됐답니다. 레오타르가 입었던 마이요는 얇은 니트로 짠 옷이었으나 1970년대 나일론과 스판덱스 소재가 개발되면서 탄력 있고 가벼운 의복이 됐습니다(그리고 영어로 넘어오면서 레오타드로 발음이 바뀌었습니다).

오늘날 무용수의 연습복인 레오타드와 타이츠는 이런 과정을 통해 탄생한 것입니다. 무용수들은 더할 나위 없이 편안한 복장으로 온몸을 자유롭고 풍부하게 움직일 수 있게 됐습니다. 레오타드와 타이츠는 무용수의 몸을 정직하게 드러내줍니다. 카마르고가 활동하던 당시의 사람들이 그러했듯 오늘날의 사람들 역시 무용수의 복장에 대해 왈가왈부하곤 합니다. 하지만 무용수들도 몸 전체가 누리는 무한한 자유를 쉽게 양보할 수 없을 겁니다.

제5장

사람들

스승과 제자들

여러분은 자신의 배경을 어떻게 소개하나요? 아마 고향과 출신 학교가 먼저 떠오를 것입니다. 무용계에선 누구에게 '사사(師事)' 했다는 말을 자주 합니다. 한때 공연 팸플릿에서 무용수를 소개하면서 누구에게 배웠는지를 쓰는 경우가 많았습니다. 이는 스승에 대한 존경심을 표현하는 동시에 유명한 스승에게 배웠다는 정통성을 자랑하는 관습입니다.

춤은 사람에서 사람으로 전달됩니다. 무용수는 움직임으로, 말로, 태도로, 그리고 마음으로 스승의 가르침을 체득합니다. 한국 춤에선 이를 구심전수(口心傳授)라고 표현하지요. 사람과 사람이 만나 가르치고 배우는 방식은 어찌 보면 비효율적이고 비일관적입니다. 또한 시간적, 공간적, 경제적, 계급적 제약이 생긴다는 점에서 엘리트주의적이기도 합니다. 하지만 이 과정을 통해 눈에 보이는 것 이상의 가치가 풍부하게 전달된다는 점은 부정할 수 없습니다.

발레의 역사는 구심전수의 역사입니다. 한 무용수는 누군가의 제자이며, 그는 또 누군가의 스승이 되겠지요. 한 사람에서 다른 사람으로 실핏줄처럼 연결돼 흐르는 계보를 알아차릴 때 발레에 대한 이해도 깊어집니다. 결국 발레의 지식이란 무용수와 상관없이 객관적으로 존재하는 제도, 혹은 누군가가 일방적으로 정한 규칙이 아니라 무수한 이들이 몸에서 몸으로 전달해 쌓인 퇴적물입니다. 사람이 있기에 발레도 있는 것입니다.

발레의 역사에는 위대한 스승들이 있습니다. 카를로 블라시스, 엔리코 체케티, 아그리피나 바가노바 등은 발레를 가르치는 방식과 주안점을 정리해 발레의 모습을 바꿔놓았습니다. 그런 그들 역시 누군가의 제자이자 스승이었습니다. 복잡한 사제 관계를 그리다 보면 커다란 뿌리가 그려집니다. 현생 인류의 조상이 하나라는 말처럼 숱한 발레 마스터들이 하나의 지점으로 수렴하는 그림을 들여다보고 있으면 왠지 모를 쾌감이 있습니다. 모두가 하나의 뿌리를 가졌다면, 나도 어떻게든 어느 작은 나뭇가지 끝에 연결될 것이라는 소속감을 느끼니까요. 그러니까 이 장에선 그토록 거대한 뿌리를 훑어보며 여러 인물들의 공헌을 짚어보고자 합니다.

오늘날 발레의 토대를 이루는 지식 체계를 당스데꼴이라 합니다. 1661년 루이 14세가 세운 왕립 무용 아카데미에서 체계화된 춤의 문법으로, 몸의 축을 세우고 다리를 외전하고 팔다리를 조화롭게 움직인다는 특징이 있습니다. 당스데꼴이 갑자기 등장한 것은 아닙니다. 중세의 유랑 예능인들, 그리고 르네상스 시대의 댄싱 마스터들이 서로 만난 적 없더라도, 심지어는 서로의 존재를 모를지라도, 춤과 교본을 통해 지식을 전달하고 정리해 온 전사(前史)가 있으니까요.

지류처럼 흐르던 춤의 양상이 합쳐져 본류를 이룬 곳이 바로 왕립 무용 아카데미입니다. 지역마다 다양한 춤의 양식과 지식이 공존하는 상황에서 아카데미는 이를 하나의 '표준어'로 수렴시키고 춤 교육을 더욱 공식적이고 제도적인 행위로 바꾸었습니다. 앞에서 살펴봤듯이 왕립 무용 아카데미는 왕립 음악 아카데미(오늘날의 파리 오페라)와 긴밀했고, 점차 극장(파리 오페라 극장)과 발레단(파리 오페라 발레단)-학교(파리 오페라 발레 학교)가 유기적으로 연계됐습니다. 공연이 이루어지는 극장, 무대를 채우는 정규 무용수들로 구성된 발레단, 그리고 이들을 배출하는 학교가 하나의 생태계를 이루며 순환하는 형태는 오늘날까지도 이어집니다. 파리 오페라는 19세기 중반까지 발레의 세계 수도였고, 전 유럽에서 재능 있는 무용수들이 몰려들고 뛰어난 무용수들을 배출하면서 당스데꼴 계보의 가장 큰 줄기가 됐습니다.

그렇다면 계보의 꼭대기, 모든 것이 시작하는 한 점엔 누가 있을까요? 바로 피에르 보샹입니다. 왕립 무용 아카데미의 첫 원장은 프랑수아 갈랑 뒤 데스르(François Galant du Désert)라는 사람이지만 정작 계보에 남은 이는 두 번째 원장인 보샹입니다. 루이 14세의 댄싱 마스터이자 무용수, 이론가로서 춤의 체계를 정리하고 기보법도 고안하는 등 큰 공헌을 했지요. 하지만 교본을 쓰는 데는 굼떴기 때문에 그의 이론을 후대에 전하는 몫은 제자인 페쿠르와 라모에게 돌아갔습니다.

루이-기욤 페쿠르(Louis-Guillaume Pécour, 1653~1729)는 잘생기고

그림 1. 피에르 보샹 그림 2. 루이-기욤 페쿠르

위엄 있는 무용수였습니다. 륄리의 숱한 오페라에서 주역 무용수로 각광받았던 그를 보기 위해 오페라 극장의 박스석이 두 배로 북적였다고 하죠. 무용수에서 은퇴한 뒤에는 보샹의 뒤를 이어 파리 오페라의 발레 마스터가 돼 많은 무용수들을 가르쳤습니다. 그뿐만 아니라 안무가로서도 사교춤과 무대춤을 100편 넘게 안무했고 교본인 《춤 모음집Recüeil de dances》(1704)을 남겼습니다.

페쿠르가 보샹의 커리어, 즉 뛰어난 무용수에서 열정적인 안무가이자 교육자로 변신하는 성공적인 인생 행로를 이어받았다면 보샹의 또 다른 제자인 피에르 라모는 조금 다릅니다. 개인사가 잘 알려지지 않은 인물이거니와 페쿠르에 필적하는 명성을 쌓지도, 제자를 남기지도 못했죠. 그럼에도 불구하고 그가 중요한 이유는 바로크 댄스를 가장 체계적으로 분석한 교본인 《댄싱 마스터Le Maître à Danser》(1725)를 남겼기 때문입니다. 책에서 그는 서는 법, 걷는 법, 앉는 법, 인사하는 법부터 시작해 당시 사교춤의 자세와 동작, 구성 원리를 꼼꼼하게 설명하고 당대 무대춤

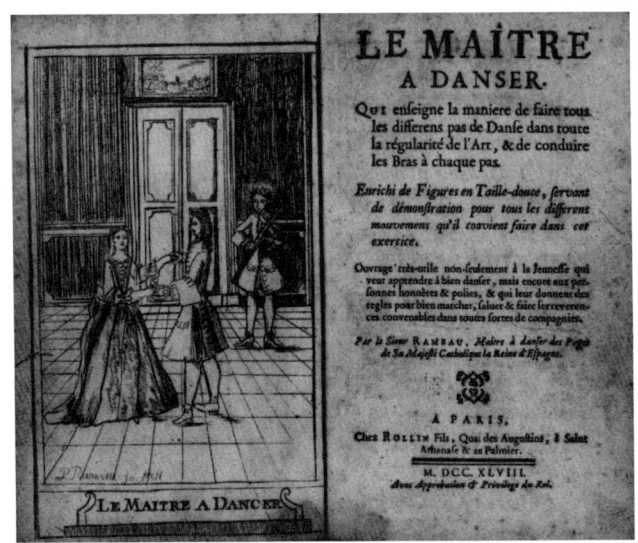

그림 3. 라모의 《댄싱 마스터》

레퍼토리를 유려한 그림과 기보로 생생히 기록했습니다. 이 책은 당시에 큰 성공을 거뒀을 뿐만 아니라 1728년에는 영어로 번역되면서 널리 퍼졌습니다. 그 덕분에 오늘날 바로크 댄스를 되살려낼 수 있게 됐습니다.

그러고 보면 페쿠르와 라모는 발레의 역사에서 중요한 두 유형의 인물입니다. 뛰어난 무용수로 활동하다가 안무가로서 여러 작품을 남기고 교육자로서 많은 제자들을 키워낸 자, 그리고 당대의 춤을 분석하고 기록하며 후대에 전해주는 자. 둘 다 있었기에 발레라는 분야가 생기를 잃지 않으면서도 깊이를 더해가며 발전할 수 있었습니다. 지금 이 순간 무대 위에서 빛나는 이도 필요하지만 무대 뒤에서 이를 보조하고 그 의미를 찾아주는 이도 필요한 것처럼 말이죠.

페쿠르의 제자인 루이 뒤프레(Louis Dupré, 1697~1774)와 뒤프레의 제자인 가에탕 베스트리스는 바로크 댄스를 상징하는 무용수였습니다. 뒤프레는 '위대한 뒤프레(le Grand Dupré)' 혹은 '춤의 신'이라 불릴 정도로 명성이 자자했습니다. 무용수에서 은퇴한 후엔 파리 오페라 발레 학교에서 마리 카마르고, 가에탕 베스트리스, 장-조르주 노베르, 막시밀리앙 가르델 등 당대 주요 무용수들을 키워냈습니다. 뒤프레와 그의 제자들에게서 엿볼 수 있듯 파리 오페라의 학교-무용단-극장으로 이어지는 시스템에 합류하는 것은 성공을 위한 선순환 구조에 합류하는 것이나 마찬가지였습니다. 학생의 입장에서는 최고 무용수로 활약했던 교사에게 배우는 것이니 실력이 높아질 수밖에 없었겠죠. 교사의 입장에서도 유럽 전역에서 모여든 최고 인재들을 가르치니 그 성과가 남다를 수밖에 없습니다. 이처럼 명문 학교는 선순환 구조로 명성을 높여갔습니다.

뒤프레의 제자 중 당스데꼴의 프랑스 학파를 이어가는 이들은 가르델 형제였습니다. 형인 막시밀리앙 가르델(Maximilien Gardel, 1741~1787)은 파리 오페라에서 오랫동안 무용수, 교육자, 그리고 안무가로서 활약했습니다. 형과 열일곱 살이나 차이가 나는 동생 피에르 가르델(Pierre Gardel, 1758~1840)은 형에게 발레를 배운 후 형의 뒤를 이어 파리 오페라의 발레 마스터이자 파리 오페라 발레 학교의 교장이 됩니다. 프랑스 혁명의 혼란 속에서도 30년간 군림한 그는 고도의 테크닉과 우아하고 곡선적인 춤선을 중시했습니다. 이는 프랑스 학파의 특성으로 자리 잡게 됩니다.

그림 4. 피에르 가르델

한편 뒤프레의 제자인 가에탕 베스트리스(Gaétan Vestris, 1729~1808)는 이탈리아 출신으로 파리 오페라에서 학습하고 무용수로 활동하며 귀족적인 춤 스타일을 이어갔습니다. 그는 허풍스럽고 거만한 성격으로 유명했죠. "유럽에서 위대한 이는 오직 세 명뿐이다. 프러시아의 왕, 볼테르, 그리고 나 자신"이라고 말한 것으로 유명합니다. 그런가 하면 길에서 어떤 여성이 실수로 그의 발을 밟자 "마담, 저를 다치게 하셨나요? 저를? 당신은 파리 전체를 2주 동안 슬픔에 빠뜨릴 뻔했다고요!"라고 대꾸했다는 일화도 있습니다.[1] '춤의 신'이라 불렸던 스승을 따라 스스로 춤의 신이라 불렀다고 하니 거만함이 어느 정도였을지 상상이 됩니다.

---

[1] Olga Racster(1923; 2013). *The master of the Russian ballet: the memoirs of Cav. Enrico Cecchetti*. Hampshire, England: Noverre Press. p. 270.

역시 '춤의 신'이라 불린 이가 있습니다(발레의 역사엔 춤의 신이 어찌나 많은지요! 니진스키도 빼놓을 수 없고요). 가에탕의 아들인 오귀스트 베스트리스(Auguste Vestris, 1760~1842)입니다. 다행히도 아버지와는 달리 스스로 붙인 호칭이 아니라 사람들에게 부여받은 것입니다. 그는 당쇠르 노블인 아버지와 달리 모든 테크닉을 섭렵한 전천후 무용수였습니다. 열여덟 살에 프르미에 당쇠르(주역 무용수)가 됐고, 스무 살에 오늘날의 에뚜왈(étoile)에 해당하는 프르미에 수제 드 라 당스(premier sujet de la danse)가 됐으며, 그 자리에서 무려 36년간 군림할 정도로 대단한 스타였습니다. 모두 베스트리스처럼 춤추길 열망하면서 교육의 수준도 한층 높아졌다고 합니다. 동시에 남성 무용수의 전통적인 스타일 구분마저도 무너졌습니다. 은퇴 후에도 좋은 교사가 됐습니다. 파리 오페라에서는 오귀스트 부르농빌, 프티파 형제(루시앙과 마리우스), 파니 엘슬러(Fanny Elssler), 쥘 페로, 마리 탈리오니 등 많은 이들을 길러냈지요.

한편 뒤프레에게는 또 다른 제자 장-조르주 노베르(Jean-Georges Noverre, 1727~1810)가 있습니다. 노베르는 지금까지 언급한 발레 마스터들과는 달리 아웃사이더였습니다. 뒤프레라는 막강한 스승에게 개인적으로 배웠으나 파리 오페라 출신이 아니라는 것이 그를 평생 따라다니는 장애물이 됐거든요. 그러고 보면 계보나 혈통, 전통이라는 것이 개인에게 든든한 버팀목이 될 수도 있지만 그곳에 속하지 못한 이를 소외시키고 억압할 수도 있다는 점에서는 섬뜩해집니다.

노베르는 파리에 정착하지 못하고 런던, 리옹, 스트라스부르

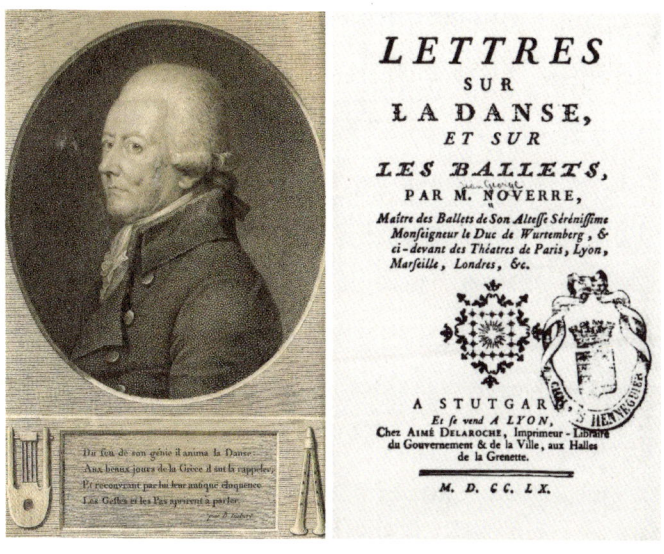

그림 5. 장-조르주 노베르(좌)와 《춤과 발레에 대한 서한》(우)

등에서 활동했으며, 오스트리아 빈에선 당시 열두 살이던 마리-앙투아네트에게 춤을 가르쳤습니다. 훗날 1774년에 그녀가 프랑스 여왕이 되면서 파리 오페라의 댄싱 마스터로서 금의환향했지만 파리 오페라 출신 무용수들의 텃세와 음해에 시달리다 결국 1781년에 그곳을 떠났습니다. 그럼에도 불구하고 그가 남긴 유산은 이루 말할 수 없이 큽니다. 설움을 달래며 쓴 《춤과 발레에 대한 서한Lettres sur la danse et les ballets》(1760)에서 그는 테크닉보다 표현성이 중요하다는 발레 닥시옹(ballet d'action)이라는 개념을 강조했습니다.

앞서 춤은 구심전수로 전해진다고 했습니다. 하지만 때로는 그늘에서 펴낸 책 한 권이 혁신의 불꽃이 돼 타오르기도 합니다. 어느 한쪽이 무조건 우월한 것은 아닙니다. 무용수가 성장하려면 테크닉과 표현성이 균형을 이루어야 하듯, 몸으로 체득한 경험과 책으로 축적된 지식 역시 모두 필요합니다. 개인의 삶을 들여다볼 때 노베르는 능력을 충분히 꽃피우지 못했지만 춤에서의 표현성과 작품의 통일성을 강조했던 그의 아이디어는 많은 이들에게 영감을 주었습니다. 오귀스트 베스트리스는 노베르의 작품에 출연하면서 그의 아이디어를 흡수했으며, 이후 파리 오페라 발레 학교에서 팬터마임을 가르치며 연기력을 강조했습니다. 심지어 노베르를 음해했던 도베르발과 가르델 역시 그의 이념은 받아들였지요.

이야기를 계속 이어가보죠. 장 도베르발(Jean Dauberval, 1742~1806)은 파리 오페라 출신에 발레 마스터까지 섭렵한 정통파입니다. 그가 안무한 〈고집쟁이 딸La Fille mal gardée〉(1789)은 오늘날 전해지는 가장 오래된 발레 작품입니다. 가난한 홀어미가 딸을 부잣집 아들에게 시집 보내려다 실패하고 딸이 사랑하는 연인과 결혼하도록 승낙한다는 내용은 지금 봐도 서민의 현실적인 일상을 담고 있습니다.

도베르발은 비가노, 블라시스, 레프리, 체케티로 이어지는 이탈리아 학파의 시작점이기도 합니다. 도베르발이 스페인에서 공연할 때 살바토레 비가노(Salvatore Viganò, 1769~1821)라는 이탈리아 무용수를 우연히 만나게 됩니다. 비가노는 도베르발의 제자가 돼 보르도로, 런던으로 따라다녔고, 이후 부인인 스페인 무용수 마리아 메디나(Maria Medina)와 함께 이탈리아 전역에서 부부 무용가로 큰 인기를 끌었습니다. 1811년 그는 밀라노의 라스칼라 발레 학교에 발레 마스터로 부임해 그곳에서 10년간 가르쳤

그림 6. 《춤 예술의 기초 이론과 실제》 속 카를로 블라시스

으며, 팬터마임과 춤이 매끄럽게 이어지는 '코레오드라마(coreo-dramma)'라는 형식을 고안했습니다. 비가노 이후 이탈리아의 발레에선 연기가 중요한 부분을 차지하게 됐죠.

한편 비가노처럼 나폴리 출생인 카를로 블라시스(Carlo Blasis, 1797~1878)는 어린 시절 비가노에게 사사했습니다. 그러나 연기를 강조하는 노베르나 비가노의 혈통을 이어받는 대신 파리 오페라로 유학 가서 가르델로부터 이어지는 테크닉에 대한 체계적 이해를 중점적으로 탐구했습니다. 블라시스는 독보적으로 명석한 유학생이었지만 동료들의 질투를 견디다 못해 파리를 떠나 런던과 상트페테르부르크 등에서 무용수로 활약하다 큰 부상을 당하고 맙니다. 인생의 어두운 그늘에서 블라시스는 《춤 예술의 기초 이론과 실제》(1820)라는 교본을 썼습니다. 블라시스가 부상당하지 않았더라면 발레의 모습이 많이 달라졌을지도 모릅니다. 그만큼 그의 교본은 현대 발레 테크닉의 토대가 됐습니다. 그만큼 인생은 예측할 수 없고, 눈앞의 불운은 예상치 못한 기회가 되기도 합니다. 첫 책의 성공에 힘입은 블라시스는 한층 더 종합적인 교본인 《테르프시코레의 코드》도 썼습니다. 이후 이탈리아로 돌아와 20년간 아내이자 발레 무용수인 안누니치아타 라마치니(Annuniciata Ramaccini)와 함께 라스칼라 발레 학교를 이끌며 파니 체리토, 카를로타 브리안자(Carlotta Brianza) 등 스타 무용수들을 배출했습니다.

블라시스가 일으킨 이탈리아 학파는 엄청난 테크니션들을 배출했습니다. 하지만 당시 이탈리아에선 발레가 오페라의 인기에 밀리면서 무용수들이 설 무대가 줄고 충분한 임금도 받지 못했습니다. 프랑스에서도 혁명 이후 파리 오페라가 왕립 기관에서 민간 기관으로 바뀌면서 무용수들이 갈 곳을 잃었지요. 유럽의 무용수들은 좀 더 나은 일자리와 작업 환경을 찾아 발레계가 시들어가는 서유럽을 떠나 러시아로 몰려들었습니다. 장-밥티스트 랑데(Jean-Baptiste Landé), 디들로, 페로, 생-레옹, 프티파 등 프랑스 출신 발레 마스터들이 상트페테르부르크 황실 극장의 발레단과 발레 학교에 정착했습니다. 또한 비르지니아 추키(Virginia Zucchi), 카를로타 브리안자 등 이탈리아 발레리나가 러시아에서 활약하면서 테크닉의 수준을 높였습니다. 상트페테르부르크는 발레의 새로운 수도가 돼 전 유럽의 인재들을 끌어들였고, 이를 바탕으로 고전 발레라는 새로운 스타일을 확립하게 됩니다.

발레가 극장-학교-무용단을 기점으로 발전하다 보니 당스

그림 7. 엔리코 체케티와 1921년 런던에서 가르치는 모습

데꼴의 학파 또한 국가별로 나뉩니다. 파리 오페라 중심의 프랑스 학파, 블라시스가 체계화한 이탈리아 학파, 프랑스와 이탈리아 학파를 결합한 러시아 학파, 그리고 영국과 덴마크 학파로 나뉩니다. 자연스레 국가별 스타일이 생겨난 것이지요. 하지만 늘 국가별로 구분되는 것은 아닙니다. 대표적인 인물이 체케티입니다.

엔리코 체케티(Enrico Cecchetti, 1850~1928)는 흥미로운 인물입니다. 우선 로마에서 태어나 밀라노에서 사망했으며 블라시스의 제자인 지오반니 레프리(Giovanni Lepri, 1847~1881)에게 블라시스의 테크닉을 배워 이를 발전시켰다는 점에서 이탈리아 학파라 할 수 있습니다. 하지만 진정한 코스모폴리탄인 그는 이탈리아뿐만 아니라 프랑스, 러시아, 폴란드, 영국, 그리고 미국을 넘나들며 무용수이자 안무가, 팬터마임 연기자, 교육자로서 왕성하게 활동하면서 한 시대를 풍미했습니다.[2] 러시아에선 '러시아 발

---

2   체케티는 마리우스 프티파가 안무한 〈잠자는 미녀〉 초연에서 '파랑새'와 '카라보스' 역을 동시에 공연할 정도로 뛰어난 무용수이자 연기자였습니다.

레의 아버지'라고 불리고, 영국에선 체케티 소사이어티(Cecchetti Society)가 설립될 정도였습니다.

체케티는 가는 곳마다 그에게 배우고 싶다는 이들을 몰고 다녔습니다. 그만큼 금방 취직이 되고 때론 사설 무용 학교를 세우기도 했지요. 심지어 안나 파블로바는 그에게 다른 사람이 아닌 자신만 가르쳐달라고 고집해 3년간 개인 교습을 받았습니다. 또한 세르게이 디아길레프(Sergei Pavlovich Dyagilev)가 발레 뤼스를 조직했을 때 니진스키나 타마라 카르사비나(Tamara Karsavina)와 같은 스타 무용수들이 "마에스트로 체케티의 아침 클래스를 빼먹을 수 없다"고 주장하는 바람에 그를 모셔갔다는 일화가 있지요. 이런 삶을 상상해볼 수 있나요?

체케티는 스승으로서 잘 가르칠 뿐만 아니라 인품도 좋아 제자가 많이 따랐습니다. 게다가 장수한 덕분에 그의 교수법은 전 세계로 퍼져나갔습니다. 그가 활동했던 상트페테르부르크의 마린스키 극장에서는 레가트를 통해 그의 교수법이 이어졌고, 러시아 혁명으로 런던에서 5년간 머물렀을 때엔 니네트 드 발루아(Ninette de Valois)와 마리 램버트(Marie Rambert) 등 영국의 주요 무용수들을 모두 가르치며 영국 발레의 틀을 마련했습니다. 또한 발레 뤼스에서 가르쳤던 무용수들이 전 세계로 진출하면서 그의 교수법 역시 확산됐습니다. 때로는 한 명이 큰 흐름을 만들어내는가 봅니다.

체케티 이후에도 주요 발레 메소드를 고안한 뛰어난 교육자들이 있습니다. 러시아의 아그리피나 바가노바(Agrippina Vaganova, 1879~1951)가 대표적이지요. 바가노바 메소드는 러시아 학파의 기

등으로 자리 잡으며 무수한 무용수들을 배출하는 원동력이 됐고, 우리나라에도 도입돼 큰 영향을 끼치고 있지요. 여기서 제가 주목하고 싶은 것은 바가노바가 지금까지의 계보에서 유일한 여성이라는 점입니다. 보샹도, 블라시스도, 체케티도, 그 외에 무수한 마스터들도 모두 남성입니다. 계보를 읽어 내려오면서 인식하지 못했지만 바가노바에 이르자 갑자기 깨닫게 됩니다. 여성들은 다 어디에 있을까요? 바가노바가 최초의 여성 발레 교사는 아닙니다. 이전에도 여성 발레 교사나 안무가들이 있었습니다.[3] 하지만 소위 당스데꼴의 계보에 여성의 이름은 등장하지 않습니다. 왜 그럴까요?

우선 무용수로 활동하다가 안무가나 교사로 전환한 여성의 숫자가 적었기 때문입니다. 무대 위에선 발레리나들이 찬사를 받지만 무대 뒤에선 소수의 남성들이 안무가나 교사처럼 더 지적이고 권위 있는 요직을 차지했습니다. 소수의 여성들이 살아남았어도 그들의 공헌과 지식은 인정받기 어려웠습니다. 댄싱 마스터 시대부터 이론을 정리하고 교본을 집필하는 역할은 남성이 도맡아 했고 그들의 역사만 남았습니다. 반면 여학생 클래스만 가르친 바가노바는 여학생을 위해 교본을 썼으며 여기엔 여성 무용수 삽화만 등장합니다. 블라시스나 체케티의 교본에서 남성이 주요 모델이었다는 점을 새삼 떠올리게 합니다. 무수한 남성 선구자들 뒤에 숨은 여성들을 더 발굴하고 기억할 필요

---

3   최초의 직업 발레리나 중 한 사람이었던 프랑수아 프레보스(Françoise Prévost, 1680~1741)를 들어보셨나요? 그녀는 19세기 전반의 라이벌 발레리나로 유명한 마리 살레와 마리 카마르고를 가르친 교사이자 자신의 춤을 직접 안무한 안무가이기도 했습니다.

가 있습니다.

그러고 보면 당스데꼴의 계보는 엄숙한 족보가 아니라 수많은 사람들의 노력과 좌절, 야심과 열망이 남긴 흔적입니다. 이들로부터 우리는 발레를 한 땀 한 땀 배워 엮어내고 있으며, 그 발레가 다시금 다음 세대로 전달될 것입니다. 어떤 발레를 전달해 줄 것인지는 우리에게 달려 있습니다.

당스데꼴의 계보를 훑어보면서 어떤 생각이 드셨나요? 한국에서 교육받은 발레 전공자라면 시큰둥할지도 모릅니다. 블라시스나 체케티, 바가노바 등은 나와는 아무 상관없는 먼 나라의 위인 같으니까요. 소위 발레의 '족보'는 서양에서 만들어졌으니 우리는 발레에서 주류가 될 수 없다는 소외감이나 위축감마저 듭니다. 하지만 진짜 그럴까요?

유명인의 조상을 찾아주는 〈당신의 뿌리 찾기Finding Your Roots〉라는 미국 TV 프로그램이 있습니다. 그중에서 프레드 아미슨(Fred Armisen)이라는 배우에 대한 흥미로운 에피소드가 생각납니다. 그는 자신의 할아버지를 일본인으로 알고 있었지만, 확인해보니 울산 출신의 조선인 무용수 박영인이었습니다. 일본으로 건너간 박영인은 마사미 쿠니로 개명하고 일본 황실의 스파이가 돼 나치 독일에서 공연하기도 했지요. 아미슨의 이야기는 무척 극적인 사례이지만 두어 세대만 거슬러 올라가보면 두 차례의 세계 전쟁을 겪은 혼란기 속에서 의외의 인물과 문화적으로 연결되기도 합니다. 그럼 우리의 발레 계보도 한번 찾아볼까요?

한국 발레에서 구심점이 되는 인물은 임성남(1929~2002)입니다. 국립 발레단의 초대 단장(1962~1992)[4]으로 활약하며 발레가 한국에 뿌리내리는 데 크게 기여한 분입니다. 또한 서울예술고등학교에서 오랫동안 가르치고 임성남 발레 연구소를 운영하며 김학자, 김성일, 김혜식, 진수인을 비롯하여 우리나라 발레계의 1세대 무용가들을 대거 키워냈습니다.

전주에서 사범학교를 졸업하고 음악 교사로 활동하던 임성남은 어느 날 사표를 내고 발레 무용수가 되기로 결심합니다. 무엇이 계기가 됐을까요? 그는 열여섯 살에 〈백조의 죽음La mort du cygne〉(1937)[5]이라는 영화를 보고 발레에 빠졌습니다. 하지만 당시 전주에는 발레를 추는 이도, 가르치는 이도 없었습니다. 방학마다 그는 서울로 올라와 우리나라 최초의 발레 무용가인 한동인에게 발레를 배웠습니다. 발레 타이츠가 없었기 때문에 남대문 시장에서 미군 내복을 사서 검은색으로 염색하고 수선해 타이츠를 만들어 입었습니다. 아무런 인프라가 없는 조건에서 발레를 배운다는 건 형체 없는 열망, 거대한 막막함과 대면하는 일이었을 것입니다.

어느 날 임성남은 아버지에게 발레를 배우러 서울로 가고 싶다고 말하며 큰절을 올렸습니다. 하지만 아버지는 그를 마구 때

---

[4] 1962년 발레와 한국무용이 결합된 국립무용단이 출범하여 임성남이 단장을 송범과 김백봉이 부단장을 맡았고, 10년 후인 1972년 국립발레단이 이로부터 독립했습니다.

[5] 파리 오페라 발레단의 에뚜왈인 이베뜨 쇼비혜(Yvette Chauviré)와 크로아티아 출신의 미아 슬라벤스카(Mia Slavenska)가 출연했던 영화입니다.

렸고, 그날 새벽에 임성남은 집을 나와 서울로 향했습니다. 그렇게 임성남은 한동인이 세운 우리나라 최초의 발레단인 서울 발레단에 입단합니다. 1950년 6월 24일 〈인어공주〉라는 작품에서 솔로 및 빠 드 두로 데뷔했으나 다음 날 6.25 전쟁이 발발했습니다. 부산으로 피난 왔다가 일본으로 간 임성남은 운전수로 일하며 핫토리·시마다 발레 연구소에서 배를 곯으며 발레를 배웠습니다.

일본의 1세대 발레 무용수인 핫토리 치에코(服部智恵子, 1908~1984)와 시마다 히로시(島田廣, 1919~2013)는 핫토리·시마다 발레단과 연구소를 운영하며 일본에서 수많은 제자를 길러낸 인물들입니다.[6] 임성남의 스승인 한동인 역시 시마다를 사사했습니다. 한동인이 분명 임성남보다 앞서서 새로운 길을 닦았음에도 6.25 전쟁 때 월북 혹은 납치된 연유로 인해 한국 발레계의 역사에서 잊혀졌지요. 이렇듯 우리의 발레 계보엔 서양의 그것과는 달리 식민지 예술가의 불안정함과 이념적 상처가 속속들이 배어 있습니다.

핫토리와 시마다가 일본 발레의 1세대라면 그들은 누구에게 배웠을까요? 블라디보스토크 출생의 핫토리는 러시아에서 황실 발레 학교 출신 무용수들에게서 사사했다고 합니다. 또한 러시아 혁명이 터지자 일본으로 돌아와 러시아 무용수인 엘리아나 파블로바(Eliana Pavlova)의 발레 교습소 및 발레단에서 활동하면서 시마다와 만나게 됩니다. 파블로바는 황실 발레 학교 출

---

[6] 시마다 히로시는 일본발레협회장을 지낸 일본 무용계의 대부로서 조선 출신 발레 무용가 백성규입니다. 최태지 전 국립 발레단 단장을 한국에 소개한 분이기도 하지요.

그림 8. 임성남과 국립 발레단 단원들

그림 9. 에드리언 델라스와 선화예고 학생들

신은 아니지만 시마다를 비롯해 일본의 1세대 발레 무용수들에게 러시아 발레를 전파해주었습니다.[7] 그리고 핫토리처럼 혁명을 피해 일본에 정착한 후 가마쿠라에서 발레 교습소를 운영하며 일본 발레계에 큰 영향을 준 인물이기도 합니다. 1931년과 1939년 경성에서 공연한 기록도 남아 있습니다.

임성남이 일본 유학을 통해 러시아 발레를 받아들여 국립발레단과 서울예고를 오래 이끌었다면 선화예술학교 및 유니버설 발레단의 계보엔 애드리언 델라스(Adrienne Dellas)가 있습니다. 〈심청〉의 안무가로 알려진 미국인 델라스는 알렉산드라 다닐로

---

[7] 일본 발레의 시작엔 세 명의 파블로바가 있습니다. 엘리아나 파블로바 외에도 전설의 발레리나 안나 파블로바가 1922년 일본 전역에서 공연한 기록이 있습니다. 또한 올가 사파이어(Olga Sapphire)라는 예명으로 활약한 올가 파블로바(Olga Ivanovna Pavlova)는 일본인 외교관과 결혼 후 일본에서 무용수이자 교육자, 안무가로 활약했다고 합니다. 그녀는 상트페테르부르크의 황실 발레학교 출신인 데다 〈백조의 호수〉 등 정통 레퍼토리를 연출하고 안무했다는 점에서 큰 영향을 미쳤습니다.

바(Alexandra Danilova)와 베라 볼코바(Vera Volkova) 등 상트페테르부르크 황실 발레 학교 출신 무용가들을 사사했습니다. 1976년 선화예술학교에서 부임하면서 문훈숙, 김인희, 최민화, 강수진 등을 키워낸 인물이기도 합니다.

임성남과 애드리언 델라스만 보더라도 우리는 일본을 통해, 혹은 미국을 통해 당스데꼴의 계보와 연결됩니다. 프랑스의 파리 오페라에서 구체화된 당스데꼴이 프랑스 혁명을 거치며 러시아로 전파되고, 러시아의 발레가 다시금 러시아 혁명과 1, 2차 세계 대전을 거치며 전 세계로 퍼져나가면서 우리 땅에도 이식된 것이지요. 이후 미국이나 러시아, 유럽 등지에서 직접 유학한 이들이 등장했고 1986년에는 소련과 정식 교류가 시작되면서 무용수나 교사들의 교류는 더욱 활발해졌습니다.

오늘날 한국의 발레 무용수들은 국제 콩쿠르를 휩쓸고 세계 유수 발레단에서도 활동하고 있습니다. 발레 영화에 빠져 내복을 물들여 입고 연습하던 임성남의 시작에 비하면 정말 많이 발전한 것이죠. 바람에 날린 민들레 홀씨가 아스팔트길의 틈에서 자라나듯 우리의 발레도 우연과 역경의 드라마 속에 조금씩 뿌리내려 지금 이렇게 풍성하게 열매를 맺었답니다. 그러니 발레의 계보는 우리의 계보이기도 합니다.

오귀스트 부르농빌: 국비 유학생의 사명감

춤은 추는 순간 사라집니다. 제대로 기록해놓지 않는다면 조금만 시간이 지나도 소실되기 일쑤입니다. 그런데 특이하게도 화석으로 남은 춤 스타일이 있습니다. 덴마크 발레의 아버지라 불리는 오귀스트 부르농빌(August Bournonville, 1805~1879)의 춤입니다. 발레의 역사에서 존재감이 없던 덴마크가 주요 발레 메소드 중 하나로 자리매김한 것도 모두 오귀스트 부르농빌 덕분입니다.

부르농빌의 삶을 들여다보면 왠지 임성남 선생님이 떠오릅니다. 발레의 불모지에서 태어나 어렵게 유학 생활을 하며 열심히 배우고 고국으로 돌아와 오랫동안 헌신한 점이 닮았습니다. 하지만 부르농빌은 훨씬 호의적인 환경에서 태어나 특별한 학업 기회를 얻었다는 점에서 임성남과 다릅니다. 부르농빌이 활동하던 시기의 춤 스타일과 함께 상당수의 작품이 전해질 수 있었던 것은 덴마크가 서유럽과의 교류가 적었기 때문입니다. 또한 그의 교수법 역시 제자들에 의해 전해지면서 발레 메소드의

그림 10. 오귀스트 부르농빌

'살아 있는 박물관'이 될 수 있었습니다.

생각해보세요. 부르농빌은 마리 탈리오니의 춤 파트너이자 카를로 블라시스의 동급생이었습니다. 200년도 훨씬 전에 살았던 그의 춤 스타일과 메소드가 전해져서 지금 우리 눈앞에서 펼쳐진다고 생각하면 신기하지 않나요? 탈리오니가 포인트 워크의 '전설'로 남고 블라시스가 발레 메소드의 '조상'으로 남은 것에 비해 부르농빌은 생생한 '현역'으로 남은 것이니까요. 그래서 부르농빌 메소드에는 금방이라도 살아날 듯 생생한 곤충 화석을 들여다보는 생경함 같은 것이 있습니다.

부르농빌은 무용수로서 제법 특권을 누리는 삶을 살았습니다. 아버지인 앙투안 부르농빌(Antoine Bournonville)은 프랑스계 무용수로서 덴마크 왕립 극장의 발레 마스터까지 역임했습니다. 너무나 잘생겨서 '진짜 아폴로'라고 불렸던 그였지만 무용수이자 안무가로서의 한계를 깨닫고는 아들에게 더 넓은 세상을 맛

보게 해주려 합니다(발레를 하겠다는 말에 마구 때렸다는 임성남의 부친과는 다르죠). 1820년 아버지는 덴마크 국왕인 프레데리크 5세에게 탄원하여 유학 경비를 얻어 6개월간 파리로 유학을 가면서 아들을 데리고 갑니다. 그 경험은 부르농빌의 인생을 바꿔놓았습니다. 변방에서 변변찮은 춤 교육을 받던 아이가 내로라하는 스타 무용수들로 북적이는 새로운 세상을 맛봤으니 어찌 현실의 삶에 만족할 수 있겠어요?

1824년 열아홉 살이 된 부르농빌은 황실 극장의 지원하에 다시 파리로 유학을 떠납니다. 국비 유학생인 셈입니다. 가르델의 추천으로 파리 오페라 발레 학교의 완성반에 입학해 오귀스트 베스트리스에게 배웠습니다. 15개월의 유학 계획은 곧 6년으로 늘어났습니다. 많이 아팠고 돈도 없었지만, 아버지 친구의 집에서 얹혀 살면서도 무섭게 발레를 파고들었습니다. 그가 아버지에게 보낸 편지에는 열정에 불타는 가난한 유학생의 모습이 생생하게 묻어납니다.

> 저는 베스트리스 선생님의 가르침에 매우 만족했고, 선생님 역시 저의 열정과 성실함, 그리고 끝없는 의지력에 기뻐하십니다. 선생님께선 수업 시간을 매우 정확히 지키십니다. 일주일에 세 번은 아침 8시부터, 세 번은 9시부터 11시까지 수업합니다. 저는 베스트리스 선생님이 도착할 때 완벽한 준비 상태를 갖추기 위해 매일 6시에 일어나 수업이 시작하기 한 시간 반 전에 도착합니다. 선생님은 저를 우정으로 대해주시고 제 재능을 극도로 신경 써서 키워주시며, 제 결점을 엄격히 지적하면서도 배려심을 가지고 대해주십니다.[1]

하나라도 더 배우기 위해 수업 시간보다 무려 한 시간 반 전에 도착해 준비하는 부르농빌의 마음을 엿볼 수 있습니다. 이후 베스트리스의 추천을 받아 파리 오페라 발레단 입단 시험을 치렀고 합격도 했습니다. 더할 나위 없는 영광이지요. 하지만 덴마크 국비 유학생이었던 그에게 파리 오페라 발레단 입단은 딜레마이기도 했습니다. 조국의 돈으로 배웠으면 조국으로 돌아가 공헌해야 하는 게 순리이니까요. 여러분이라면 어떤 선택을 했을까요? 부르농빌은 파리 오페라 발레단을 포기하지 않았고 무용수로 활약하면서 지식과 인맥을 쌓았습니다. 누군가는 그의 선택을 비난하겠지만, 동시에 그의 심정을 이해할 수 있습니다. 큰물을 맛본 물고기는 마음껏 헤엄치고 싶을 테니까요.

1830년, 덴마크에선 찾아볼 수 없는 눈부신 테크닉을 보유한 부르농빌에게 덴마크 왕립 발레단은 주역 무용수 겸 발레 마스터 겸 수석 안무가라는 엄청난 지위를 제안했습니다. 자신에 대한 구애에 화답하며 부르농빌은 파리 오페라와의 계약을 포기하고 고국으로 돌아옵니다. 그는 다양한 작품을 안무하고 주역 무용수로서 활약했으며, 왕립 발레 학교 교장으로 부임해 1879년에 사망할 때까지 지도했습니다. 그가 흡수한 지식과 인맥을 평생에 걸쳐 고국에 되돌려 주었으니 젊은 날의 빚은 갚은 셈이지요.

유학 시절의 부르농빌을 떠올려봅시다. 발레의 변방에서 파리로 유학을 온 그에게는 주류 출신의 학생에겐 없는 간절함과

---

[1] https://en.wikipedia.org/wiki/August_Bournonville

기민함이 있습니다. 어떻게든 많은 걸 배우고 많은 걸 전해줘야 한다는 마음이지요. 그가 쓴 두 개의 교본을 보면 그런 마음이 잘 드러납니다. 1829년 스물네 살의 부르농빌은 코펜하겐에서 활동하러 파리를 떠나면서 《춤 애호가를 위한 새해 선물Nytaars-gave for Danse-Yndere》(1829)을 씁니다. 발레 용어와 동작을 설명하는 작은 책자였습니다. 동급생인 블라시스가 방대한 교본인 《춤 예술의 기초 이론과 실기》와 《테르프시코레의 코드》를 연거푸 출판한 것을 의식한 점도 있겠지만 불어가 아닌 덴마크어로 쓰고 불어 용어 해설을 덧붙였다는 점에서 고국의 발레 전문가 및 애호가를 위해 썼음을 알 수 있습니다.

두 번째 책인 《에튀드 코레그래피크Études chorégraphiques》(1848, 1855, 1861) 역시 어딘가로 떠나면서 썼습니다. 1861년 부르농빌은 32년간 일했던 덴마크 왕립 발레단을 떠나 스웨덴 왕립 발레단의 총책임자직을 맡게 되면서 《에튀드 코레그래피크》를 발간했습니다. '제자와 동료들에게' 헌정하는 이 책은 그가 없는 동안 발레의 원칙이 무너질 것을 걱정하며 구체적인 잣대를 제시해주는 책이라 할 수 있습니다. 그러고 보면 덴마크 발레를 발전시켜야 한다는 막중한 책임감이 그의 어깨를 누른 듯합니다.

부르농빌의 메소드는 베스트리스로 대변되는 프랑스 학파의 영향을 받았습니다. "베스트리스 선생님은 수업 시간에 삐루에뜨를 할 때 발바닥으로 착지하지 못하게 했으며 한 발로 끝내거나 아띠뛰드나 아라베스끄로 끝마치게 했다"고 회고했던 그는 스승처럼 쉴 새 없는 도약과 끊임없는 방향 전환, 가볍고 빠른 작은 발동작들을 강조했습니다. 부르농빌에게 파리 유학 시

그림 11. 부르농빌의 〈컨서바토리에〉

절과 베스트리스의 수업은 늘 낭만적으로 회고되는 이상향이었습니다. 베스트리스를 비롯해 가르델, 탈리오니, 페로 등 파리의 스타 무용수들의 이름을 따서 동작 이름을 짓기도 했죠.

프랑스 학파에 대한 동경과 존경은 부르농빌이 덴마크로 돌아간 지 20년 후에 만든 작품인 〈컨서바토리에Konservatoriet〉(1849)에 잘 드러납니다. 베스트리스의 수업 장면을 상당히 충실히 재현했기에 낭만 발레 직전의 풍경들, 정작 프랑스에선 사라져버린 파리 오페라 발레 학교의 모습과 춤 스타일을 품고 있는 귀한 자료로 평가됩니다. 작품은 샹들리에가 있는 고풍스런 무용실에서 줄지어 선 학생들이 그랑 쁠리에를 하며 시작합니다.[2] 베스트리스를 연상케 하는 실력 좋은 선생님의 지시로 바이올린 반주자가 연주를 시작하면 학생들이 다양한 인원과 대형으로 앙

---

[2] 덴마크 왕립 발레단 버전에선 샹들리에에 먼지가 쌓이는 걸 막기 위해 거즈 천을 둘러놓은 모습까지 구현됐습니다.

셴느망을 선보입니다. 무용수들이 질서정연하게 춤을 추는 가운데 학생들은 친구이자 라이벌인 서로를 관찰하고 상급반 학생들을 롤모델로 삼으며 선생님의 지적에 동작을 고치는 풍경이 펼쳐집니다. 마지막엔 다 같이 줄지어 그랑 쁠리에를 한 다음 블라시스로부터 전해져오는 아띠뛰드 자세로 끝납니다. 〈컨서바토리에〉는 발레 클래스의 역사와 미학뿐 아니라 발레 클래스가 하나의 사회이고 무용수들이 동등한 시민으로서 공존한다고 봤던 부르농빌의 신념을 담고 있습니다.

부르농빌 메소드는 프랑스 학파의 유산뿐만 아니라 부르농빌 개인의 테크닉적 특징도 함께 강하게 드러내고 있습니다. 무용수로서 부르농빌은 도약에 강하고 회전에 약했습니다. "내가 극복하기 힘들었던 난관은 모두 삐루에뜨와 연관됐다"고 회고할 정도로 회전이 약점이었던 그는 파리 오페라 발레단의 입단 시험을 위해 삐루에뜨에 능한 무용수에게 개인 레슨을 받을 정도였습니다. 그의 작업물들을 보면 입단 시험에는 겨우 통과했어도 삐루에뜨에 대해 강하게 거부감을 가졌던 흔적이 남아 있습니다.

부르농빌의 교본에는 여러 가지 삐루에뜨가 등장합니다. 심지어 여러 가지 자세로 돌거나 마무리하는 삐루에뜨를 새롭게 고안해 '수직축의 승리(triumph of aplomb)'라고 칭송하기도 합니다. 그런데 정작 그가 실제로 안무한 작품에서, 특히 자신이 직접 주연을 맡았던 남성 주역의 솔로에선 삐루에뜨를 거의 찾아볼 수가 없습니다. 그 대신 가볍고 날렵한 도약과 빠르고 복잡한 발 동작이 등장합니다. 또한 《에튀드 코레그래피크》는 동작들을 비교적 간단하게 설명하는 실용서이지만 특이하게도 쥬떼에 대해선 무려 26개의 변이 동작을 나열하고 있습니다.[3]

도약에 강한 면모를 보였던 부르농빌답게 그의 수업에서는 다른 메소드보다 도약 동작에 할애하는 시간이 훨씬 깁니다. 남성 무용수 수업을 한 시간 반 정도 진행할 때 도약과 바뜨리(batterie)[4] 동작에 일반적으로 3~4개의 앙셴느망을 할애한다면 부르농빌 수업에선 적어도 9개는 한다는 것이죠. 또한 다른 메소드에선 바뜨리를 그랑 알레그로 이전에 행하지만 부르농빌은 교본 맨 마지막에 넣고 있습니다. 그만큼 가장 어렵고 중요한 동작으로 여겼음을 알 수 있습니다. 공중에서 발을 네 번 교차한 후 한 발로 착지하는 앙트르샤-셋 드 볼레(entrechat-sept de volé)나 공중에서 발을 세 번 교차하면서 도는 앙트르샤-시스 앙 뚜르낭(entrechat-six en tournant)과 같은 무시무시한 동작도 있답니다.

부르농빌 메소드에는 그 자신이 생각하는 덴마크적 가치관이 반영돼 있습니다. 가족적이고 근면성실하며 실용적이고 소박한 삶의 방식을 강조하는 북유럽의 가치관을 존중했던 부르농빌은 점차 여성의 성적 매력과 노골적인 볼거리를 강조하는 발레의 경향에 분개하며 '발레의 쇠퇴'라고 일침을 가하기도 했습니다. 인간을 유혹하는 요정의 치명적인 매력을 주제로 한 필리포 탈리오니의 〈라 실피드〉를 가족의 소중함에 대해 이야기하

---

[3] 한번 읽어나 볼까요? jeté: sur le cou de pied, emboîtés, dessus, dessous, obliquement, balancés, enlevés, battus, en brisés, ballonnés, amenés, à la fleche(effacés ou croisés), fouettés, arrondis, jetés à battements(dessus, dessous, sautés), à rond de jambe(en dehors, en dedans). Erik Bruhn and Lillian Moore(1961; 2005). Bournonville and Ballet Technique. p. 22

[4] 바뜨리는 공중에서 두 발을 서로 부딪치는 동작들을 지칭합니다.

는 버전으로 재탄생시킨 것만 봐도 그의 마음이 잘 드러납니다.

부르농빌은 평등주의자이기도 했습니다. 남성 무용수의 역할을 끌어올리고자 했던 그답게 부르농빌의 클래스는 포인트 워크의 비중을 최소화하고, 남녀 모두 드미-뿌앙뜨로 거의 동일한 동작을 행합니다. 그는 춤에서 특정한 동작만 주목받는 걸 싫어했으며 어떤 동작도 다른 동작을 희생시키면서 특권을 누려선 안 된다고 생각했습니다. 오늘날 우리에게 익숙한 발레는 아라베스끄나 데블로뻬, 삐루에뜨과 같은 특정 동작에서만 갈채가 쏟아지고 나머지는 연결 동작으로 가볍게 취급되지요. 하지만 부르농빌 메소드에서는 거꾸로 주요 동작과 연결 동작의 격차를 줄여 매끄럽고 완만하게 이어지는 데 주력했습니다. 러시아의 테크닉에 비하면 전반적으로 부드럽고 둥글고 절제돼 있습니다.

부르농빌 메소드에서도 볼 수 있듯이 발레 메소드는 중립적이고 도구적인 틀 이상의 것들을 담고 있습니다. 바로 그것을 만들고 사용한 이들의 생각입니다. 스승 베스트리스의 테크닉에 대한 존경, 회전보다 도약을 좋아한 그만의 취향, 그리고 가족과 평등을 중시하는 북유럽의 가치관이 담긴 부르농빌 메소드는 부르농빌이라는 한 사람을 온전히 담고 있는 살아 있는 역사라고 할 수 있습니다.

4교시
인성

1922년
체케티 선생님께 바치는
파블로바의 헌사[1]

1922년 1월 5일 런던 알함브라 극장.

〈잠자는 미녀〉 공연 후 무대엔 카라보스 역의 엔리코 체케티가 출연자들에게 둘러싸여 있다. 꽃비가 쏟아지는 무대에서 화환을 목에 건 체케티가 관객에게 인사하고, 관객들이 기립박수를 보낸다. 화려한 드레스 차림의 안나 파블로바가 무대로 걸어나와 체케티와 포옹하고는 마이크 앞에 선다.

신사 숙녀 여러분, 아름다운 밤입니다. 우리의 마에스트로 엔리코 체케티 선생님의 데뷔 50주년 공연을 잘 즐기셨나요? 무려

---

[1] 본 장은 엔리코 체케티의 교본 《고전적 극장 춤의 이론과 실제에 대한 교본 A Manual of the Theory and Practice of Classical Theatrical Dancing》(1922)과 《러시아 발레의 마스터: 엔리코 체케티의 회고록 Master of the Russian Ballet: The Memoirs of Enrico Cecchetti》(1922)을 바탕으로 재구성한 것입니다.

일흔세 살이신 선생님의 날렵하고 생생한 연기가 대단하지 않나요? 오늘 모인 수많은 제자들을 대표해 제가 이 자리에 서게 돼 영광입니다. 여러분과 함께 선생님의 일생을 되돌아보고 추억을 나누고 싶습니다.

선생님은 춤으로 가득 찬 인생을 보내셨습니다. 로마 어느 극장의 드레스룸에서 태어나셨으니 발레 영웅다운 탄생이랄까요. 위대한 발레 교육자 카를로 블라시스에게 배운 무용수 부부의 자식으로 태어나 블라시스의 제자인 지오반니 레프리에게 배우셨으니 정통파 중의 정통파입니다. 지금도 멋쟁이이신 선생님은 젊은 시절 잘생기고 우아하며 테크닉이 뛰어난 무용수였답니다. 라스칼라 극장에서 데뷔한 후 유럽 전역에서 주역 무용수로 활동하셨지요. 그러다가 1887년 러시아 황실 극장에서 공연할 때 극장장의 눈에 띄어 주역 무용수 겸 제2발레 마스터(maître de ballet), 그리고 황실 발레 학교의 교사로 발탁됐습니다. 저와 니진스키, 카르사비나, 크셰신스카, 에고로바, 프레오브라젠스카 등 러시아 토종 무용수들이 외국인 무용수들을 밀어내고 무대를 장악했던 것도 모두 선생님의 가르침 덕분입니다.

선생님은 무용가로서 최고의 커리어를 일구셨습니다. 하지만 명예나 직책을 좇기보다 자신을 원하는 이들에게 충실하셨을 뿐입니다. 상트페테르부르크에선 학생들이 몰려들어 수업해 달라고 간청하는 바람에 어쩔 수 없이 집 다락에서 개인 수업을 해주셨지요. 선생님은 유능하고도 따뜻한 분이셨고, 학생들은 그런 선생님을 사랑했습니다.

선생님이 얼마나 계산 없이 부름에 응했는지는 아마 이 자리에 있는 루이기 알베르티에리(Luigi Albertieri) 씨가 잘 아시리라 생각합니다. 1883년, 그러니까 선생님이 아직 이탈리아에서 활동할 때 투린 극장의 꼬르 드 발레였던 알베르티에리 씨를 만났답니다. 재능은 있으나 공연 이외엔 연습도 하지 않고 당구나 치던 그를 의아하게 여긴 선생님은 이유를 물었죠. 그때 알베르티에리는 어떻게 연습을 하는지를 배운 적이 없다고 답했다고 합니다. 그 대답에 기가 찬 선생님은 당장 다음 날 아침 극장으로 찾아오면 연습하는 법을 가르쳐주신다고 했죠. 알베르티에리가 1번 자세도 몰랐다면 믿으시겠어요?

몇 주간 체케티 선생님은 매일같이 그를 가르치셨습니다. 이후 선생님이 스페인 공연을 떠나게 되자 알베르티에리는 단역도 상관없으니 자신을 데려가달라고 간청했습니다. 그렇게 인연이 돼 그는 선생님의 양아들이자 프로테제(protégé)[2]가 됐지요. 조건 없이 가르침을 주는 스승과 배움에 헌신하는 제자. 그 결과 우리는 오늘날 뛰어난 무용수이자 교사가 된 알베르티에리를 만날 수 있게 됐습니다.

제가 선생님을 만난 것도 이런 우연한 기회 때문입니다. 1907년 선생님이 모스크바로 발레를 연출하러 오셨을 때의 일입니다. 저는 모스크바 데뷔 공연을 앞두고 지인의 소개로 선생님께 제 춤을 선보였지요. 저는 재능은 많으나 단점 몇 가지가 아쉽다는 평가를 듣고는 바로 다음 날 선생님을 찾아갔습니다.

[2] 스승이나 윗사람의 사랑을 듬뿍 받는 이를 말합니다.

"지난밤에 저에게 단점이 몇 가지 있다고 하셨지요?"
"그렇소만."
"그 단점들을 극복하려면 얼마나 걸릴까요?"
"3년요."
"저를 가르쳐주시겠어요?"
"기꺼이 그러고 싶소만, 상트페테르부르크에 제 학교가 있습니다. 이를 떠날 수 없습니다."
"3년간 선생님이 다른 사람 말고 저만 온전히 봐주시길 원합니다."

아주 당돌하지요? 저는 체케티 선생님이 학교를 접는 데 필요한 비용을 모두 드리겠다고 약속하고 완전히 저에게 집중해줄 것을 요구했습니다. 저의 집요함과 열정에 탄복하셨는지 선생님은 학교를 부인에게 맡기시고 3년간 저에게 개인 지도를 해주셨습니다. 이제 와서 말하지만, 동료 여러분, 제가 선생님을 독점해서 미안합니다. 그땐 그저 꼭 선생님께 배우겠다는 집념밖에 없었습니다.

선생님께 배운 후 제 테크닉은 크게 발전했습니다. 당시 저에겐 발레 스커트의 엉덩이 부분을 손으로 누르는 버릇이 있었는데 선생님은 1년간 속바지와 간단한 겉옷만 입고 연습하게 해서 결국 버릇을 고치게 만들었죠. 사실 저는 비쩍 마른 데다 테크닉도 약했습니다. 선생님 덕분에 테크닉이 단단해지면서 서정적이고 섬세한 표현에 집중할 수 있게 된 것입니다. 하지만 선생님께선 "내가 그녀를 가르친 게 아니라 그녀 스스로 자신

그림 12. 안나 파블로바를 지도하는 체케티

의 천재성에 지도를 받았다"며 겸손하게 말씀하셨지요. 게다가 1913년엔 제 요청에 화답해 미국 투어를 함께 떠났습니다. 6개월간 140여 곳에서 공연했으니 거의 매일 춤추신 것이나 마찬가지죠. 제자를 위해 길 위의 고달픔을 마다하지 않는 스승이 또 어디 있을까요. 이후에 제가 전 세계를 돌며 춤출 수 있었던 것도 선생님과 단련했던 그 시간 덕분입니다.

 어딜 가나 선생님에게 배우고 싶어 하는 이들이 줄지었습니다. 발레 뤼스에 합류하게 된 사연은 가장 유명한 일화입니다. 1909년 디아길레프가 발레 뤼스를 조직했을 때 첫 시즌엔 제가 주역 무용수로 활동했습니다. 이듬해엔 제가 무용단을 조직해 순회공연에 나서면서 타마라 카르사비나가 주역으로 발탁됐지요. 카르사비나를 비롯해 여러 무용수들이 체케티 선생님의 아침 수업을 빠질 수 없다고 망설였다고 해요.

당시 선생님은 상트페테르부르크에서 발레 학교를 잘 운영하고 계셨었기 때문에 굳이 힘든 투어에 합류할 이유가 없었습니다. 하지만 디아길레프 씨의 간청에 못 이겨 이후 무려 12년간 발레 뤼스에서 발레 마스터이자 팬터마임가로 활동하셨습니다. 발레단 투어에서는 평소라면 섞일 기회가 없는 주역 무용수와 군무가 모든 걸 함께하게 됩니다. 그런 만큼 모든 무용수가 선생님의 섬세한 지도를 받으며 성장할 수 있었고, 이후 이들이 전 세계로 뻗어나가면서 선생님의 교수법도 세계로 퍼져나갔습니다. 발레 뤼스가 체케티 메소드의 배양토가 됐다고 해도 과언이 아닙니다.

그럼 체케티 선생님의 수업이 어떠했기에 무용수들의 테크닉을 비약적으로 끌어올릴 수 있었을까요? 선생님은 황실 발레 학교에서 가르치던 시절부터 교수법을 체계적으로 정리하셨습니다. 가장 큰 특징은 '한 주의 날들(Days of the Week)'입니다. 매일 아침이 되면 무용실에는 바워크부터 센터워크까지 그날의 수업 내용이 순서대로 적힌 공지문이 붙었습니다. 선생님은 이를 철저하게 따르며 수업하셨지요. 또한 개별 교사가 그날의 기분에 따라 즉흥적으로 수업하지 않도록 월요일부터 토요일까지 수업의 모든 동작을 정해놓으셨습니다. 한 주를 시작하는 월요일에는 중심선으로 다리를 모으는 아쌍블레(assemblé) 동작들을 통해 몸의 축을 바로 세웠고, 화요일에는 쁘띠 바뜨망을 통해 에쁠망[3]

---

[3] 일반적으로 '어깨의 움직임'을 뜻하며 특히 한쪽 어깨를 지탱하는 발 방향으로 내미는 자세를 말합니다.

을 강화했습니다. 에쁠망이 중심에서 상하체를 반대 방향으로 뒤틀기 때문에 쁘띠 바뜨망을 하면서 익힐 수 있습니다. 수요일에는 롱 드 장브를 통해 턴아웃을 강조했고, 목요일에는 쥬떼를 통해 공중에서 무게중심을 이동하는 법을 익혔습니다. 금요일에는 뿌앙뜨, 바뜨리, 뚜르낭(tournant) 연결 동작을 통해 공중에서 머무르기에 전념했으며 토요일에는 그랑 푸에떼 쏘떼(grands fouettés sautés)로 발롱[4](ballon)을 익혔습니다. 일요일을 쉬고 나면 다시 월요일엔 몸의 축을 세우는 것부터 시작했지요..

모든 것이 완벽하게 짜인 시계처럼 돌아갔습니다. 모든 동작은 그날의 주제를 향해 진행되며 한 동작과 다음 동작이 논리적으로 짜여 있었습니다. 그러니 수업이 끝날 땐 고양감을 느낄 정도였습니다. 솔직히 매일 같은 순서로 동작을 하니 지겹긴 했어요, 안 그런가요? 하지만 학생들은 콤비네이션을 알고 있기에 매번 새로 외우는 데 에너지를 낭비하지 않고 동작의 섬세한 차이에 집중할 수 있었습니다. 또한 동작 어휘와 특질, 공간 사용 등을 일주일에 걸쳐서 고르게 다룸으로써 어느 한 동작만 관습적으로 강조하지 않게끔 했습니다. 그 결과 아다쥬와 알레그로를 균형 있게 소화해내는 무용수가 탄생했죠.

선생님의 센터워크는 독특했습니다. 빠 드 샤콘느(pas de chaconne)나 땅 드 꾸랑뜨(temps de courante)처럼 옛날 사교춤에 기반을 둔 앙셴느망도 있었고, 데블로뻬 체케티, 데블로뻬 푸에떼 체케티, 글리싸드 체케티처럼 자신의 이름을 붙인 앙셴느망을 만

---

[4] 발롱은 도약 동작에서 공중에 가볍게 머무르는 특질을 말합니다.

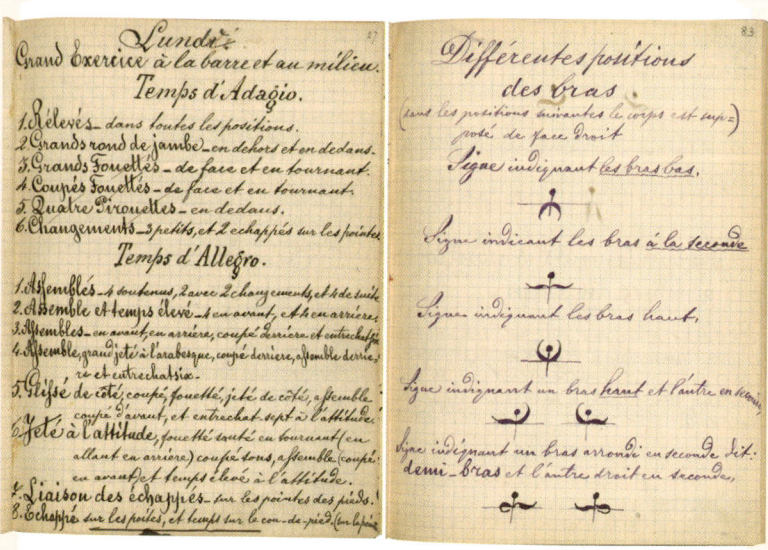

그림 13. 체케티 자필 교본 속 월요일 연습 동작과 매일의 팔동작

들기도 했습니다. 작품처럼 창작된 앙셴느망도 있습니다. 빠 달리앙스(Pas d'Alliance)는 세계 대전의 종결 때 독일과 연합군의 평화 조약을 기념해 만든 콤비네이션으로 카르사비나 씨가 처음 췄지요. 빠 드 라 마스코트(Pas de la Mascotte)는 선생님이 런던에 무용 학교를 세운 것을 기념해 만든 앙셴느망이고, 글리싸드 드 마미(Glissade de Mami)는 런던에 머물 때 선물 받은 검은 고양이 마미의 이름을 딴 앙셴느망입니다. 그러고 보면 선생님의 클래스에서 앙셴느망은 매우 견고한 구조물인 동시에 춤의 역사, 선생님의 삶, 그리고 시대의 흔적을 담은 기념물이기도 했습니다.

아, 선생님의 지팡이가 그립습니다. 개인 지도를 하실 때 선생님은 지팡이 끝으로 손끝 발끝까지 섬세하게 고쳐주셨습니다. 단체 수업을 할 때면 스튜디오 구석에 앉아 휘파람으로 음

요일	수업의 초점	움직임 원리
월	아쌍블레에 대해 (Des Assemblés)	수직축의 선 (The Line of Aplomb)
화	쁘띠 바뜨망에 대해 (Des Petits Battements)	에쁠망 (Épaulement)
수	롱 드 장브에 대해 (Des Ronds de Jambe)	턴아웃 (Turnout)
목	쥬떼에 대해 (Des Jetés)	공중에서의 무게 이동 (Weight transfer in the air)
금	땅 드 뿌앙뜨, 땅 드 바뜨리, 땅 드 뚜르낭에 대해 (Des Temps de Pointe, Temps de Batterie et Temps en Tournant)	머무르기/공중의 면 (Suspension/ the aerial plane)
토	그랑 푸에떼 쏘떼에 대해 (Des Grands Fouettés Sautés)	발롱 (Ballon)

체케티의 '한 주의 날들' 원리

악을 따라 부르시면서 지팡이로 바닥을 때리며 박자를 맞추셨습니다. 그러다 답답하시면 벌떡 일어나 몸소 시범을 보여주셨지요. 수업 시간에 선생님은 엄격하고 꼼꼼한 분이셨고, 직설적이고 날카로운 지적을 수없이 던지셨습니다. 선생님의 날카로운 눈길로부터 숨기란 불가능했습니다.

    선생님이 무엇보다도 강조하셨던 것은 겸손하게 노력하는 마음입니다. 아, 선생님은 게으르고 어리석은 걸 참지 못하셨죠.

곧 출간될 선생님의 교본 《고전적 극장 춤의 이론과 실제에 대한 교본》(1922)의 첫 문장은 춤을 배우고자 하는 이에게 주는 무거운 조언으로 시작합니다. '일단 멈춰라. 춤을 배우는 데 헌신하기 전에 50번, 100번 다시 생각하라', '6개월 정도 노력해서 무용수가 되겠다는 꿈을 버리라'고 말합니다. 블라시스가 그러했듯 체케티 선생님 역시 '하루라도 선 긋는 연습을 빼먹지 말라(Nulla dies sine linea)'를 강조했습니다.

참, 이 교본은 선생님의 제자인 스타니슬라스 이지코프스키(Stanislas Idzikowski)와 영국 무용 역사가이자 출판업자인 시릴 보몽(Cyril Beaumont) 씨가 함께 편집한 책인데요. 보몽 씨는 올해 체케티협회(Cecchetti Society)를 설립할 계획이랍니다. 선생님의 가르침을 잘 보존하면서 널리 전파할 수 있는 구심점이 되리라 생각합니다.

선생님 덕분에 저는 계속 노력하는 마음을 잃지 않을 수 있었습니다. 여러분들도 그러리라 생각합니다. 오늘 공연이 끝나면 선생님은 또 내일부터 수업을 가르치시겠지요. 멈추지 않고 조금씩 나아가는 마음이 우리를 지탱하게 해줍니다. 사랑하는 여러분, 우리 모두 마에스트로 체케티의 가르침을 품고 헤어집시다. 선생님, 사랑합니다!

p.s. 데뷔 50주년 공연 후 체케티 선생님은 라스칼라 극장의 발레 학교로 돌아가 아이들을 가르쳤습니다. 1928년 어김없이 수업을 가르치시다가 쓰러진 후 다음 날 돌아가셨습니다. 평생 제자들을 사랑하고 아낌없이 응원한 분답지요.

아그리피나 바가노바: 마흔에 시작하는 힘

아그리피나 바가노바는 상트페테르부르크의 황실 발레 학교를 졸업하고 황실 발레단에서 26년간 활동한 무용수였습니다. 게다가 프티파의 대표적인 제자인 에카테리나 바젬(Ekaterina Vazem)의 제자이니 진골 중의 진골이라 할 수 있죠. 하지만 파블로바, 카르사비나 등 동시대 무용수들이 발레 뤼스에 합류해 유럽에서 활약하던 때에 그녀는 러시아에 머물며 그리 주목받지 못했습니다. 1890년 황실 발레단의 꼬르 드 발레로 합류했고 '베리에이션의 여왕'으로 불렸다고는 하지만 무용수로서 신체 비율이 좋지 않고 우아함도 부족했습니다. 프티파가 그녀에 대해 "별로다", "끔찍하다"라고 평했을 정도죠. 입단하고 11년 후인 1901년에야 제2솔리스트가 됐고, 그로부터 14년 후인 1915년에 의무적인 은퇴를 1년 앞두고 프리마 발레리나가 됐습니다. 미래를 기대하기보단 '원로에 대한 예우'였을 가능성이 높습니다. 그리고 1년 후 은퇴했습니다.

그림 14. 무용수 시절의 바가노바

마흔 가까운 나이에 쓸쓸하게 무대에서 내려온 무용수의 마음은 어땠을까요? 회고록에서 바가노바는 자신의 커리어를 곱씹었습니다. "나의 전진이 느렸던 것은 확실하다. 그걸 깨닫는다는 것은 끔찍한 일이었다. 그러므로 그때 나는 나 자신과 '올드 스쿨' 체제 양쪽에 대해 쓰라린 실망을 느꼈다."[1] 부족함을 직시하는 일이란 쉽지 않지만 그녀는 외면하지 않았고 발레 교수법에 대해 성찰하게 됐습니다.

은퇴 후 시작은 미미했습니다. 그녀는 스승인 바젬 및 레가트의 학교, 그리고 문학가이자 역사학자인 아킴 볼린스키(Akim

---

[1] 재인용, 이덕희(1989).《불멸의무용가들》. 서울: 文藝出版社.

Volynsky)가 세운 학교 등에서 춤을 가르쳤습니다. 모두 정통성 있는 학교는 아니었죠. 하지만 그녀는 자신이 절실하게 느낀 갈증을 해결하고자 지금껏 경험해온 교수법의 장단점에 대해 연구했고 새로운 방법을 실험했습니다.

그녀의 교수법이 점차 입소문을 타면서 1920년 마린스키 극장의 레닌그라드 국립 발레 학교[2]에 초빙됐으며 몇 년 후 정식 교사가 됐습니다. 그곳에서 바가노바는 약 30년간 '완성반(class of perfection)'을 가르치며 나탈리아 두딘스카야(Natalia Dudinskaya), 갈리나 울라노바(Galina Ulanova) 등 차세대 스타 무용수들을 대거 키워냈습니다. 1931년에서 1937년 사이에는 레닌그라드 오페라 발레 극장(현 마린스키 극장)의 발레단 예술 감독으로도 활동하며 고전 레퍼토리를 지키고 신작을 올렸습니다. 1934년엔 소련 연방 공화국의 인민 예술가가 됐고 같은 해 출간한 교본 《클래식 댄스의 기초 원리Basic Principles of Classical Dance》는 발레 교수법의 교과서가 돼 전 세계로 퍼져나갔습니다. 그녀의 사후 6년 뒤인 1957년, 발레 학교는 '바가노바 발레 학교(Vaganova Ballet Academy)'로 개명됐습니다. 마흔 즈음에, 커리어의 끝에, 그녀에겐 무슨 일이 있었던 걸까요? 스타 무용수로 남지 못한 이가 최고의 교육자로 성장할 수 있었던 힘은 무엇일까요?

바가노바는 자신의 경험에서부터 시작했습니다. 황실 발레 학교는 프랑스에서 대거 유입된 무용수들과 이탈리아 테크니션 무용수들의 영향을 차례로 받았습니다. 바가노바 역시 두 스타

---

[2] 레닌그라드 국립 발레 학교(Leningrad State Ballet School)는 황실 발레 학교의 후신으로 당시 명칭은 페트로그라드 국립 발레 학교(Petrograd State Ballet School)였습니다.

일을 모두 익히며 성장했지요. 그녀는 황실 발레 학교에서 받았던 교육을 되돌아보며 두 학파의 장단점을 분석했습니다. 19세기 프랑스 학파가 부드럽고 우아하되 과하게 장식적인 한편, 이탈리아 학파는 강력한 테크닉을 선보였지만 거칠고 딱딱했습니다. 그리하여 바가노바는 둘을 절충하고 보완해 장점만 취하고자 했습니다.

아띠뛰드에 대한 설명이 대표적입니다(그림 15). 바가노바는 아띠뛰드 자세를 설명하기 위해 프랑스 학파와 이탈리아 학파를 비교한 후 자신의 접근법을 소개합니다. 프랑스 학파가 지지하는 다리 쪽으로 상체를 많이 기울인다면 이탈리아 학파는 꼿꼿하게 허리를 세우는 식으로 가르칩니다. 하지만 그 결과 프랑스 학파는 팔을 들어 올린 어깨가 많이 올라가게 되고 이탈리아 학파는 뒷다리의 무릎이 각을 형성하며 아래로 처집니다. 바가노바는 둘의 절충안으로 상체를 지지하는 다리 쪽으로 살짝 기울이면서도 뒷다리의 무릎이 처지지 않도록 합니다.

이처럼 바가노바는 프랑스의 우아함과 이탈리아의 단단함을 결합했습니다. 레가트가 강조한 우아함, 체케티의 체계적인 수업과 강한 테크닉, 바젬이 강조한 부드러운 쁠리에 등 그녀가 접했던 다양한 교수법의 장점만을 절충했습니다. 그리고 역설적으로 이것이 러시아 발레의 전통이 됐습니다.

바가노바가 스스로 일컫는 것처럼 '발레의 과학'을 연구한 방식은 과학자의 실험실을 연상케 합니다. 과학에서는 개인의 편견이나 집단의 믿음을 내려놓고 아주 기본적인 것에서부터 질문을 던지며 지식을 끌어냅니다. 이렇게 도출된 지식은 진리

그림 15. 바가노바 교본 중 프랑스, 러시아, 이탈리아 학파의 아띠뛰드 에퐈쎄 동작 비교

가 아니기에 언제든 깨질 수 있습니다. 바가노바 역시 오랫동안 전해져오던 발레 교수법의 모든 것에 대해 의심하기 시작했습니다. 하나의 규칙이 옳기 때문에 정립된 것인지, 아니면 규칙이 됐기 때문에 옳다고 여겨진 것인지에 대해 계속 탐구했습니다. 학교에 부임한 이후에도 4년간 학생들을 가르치며 학생들을 대상으로 꾸준히 실험을 진행했습니다.

나아가 자신이 구축한 지식에 대해서도 경직된 신조로 고수하는 대신 동료 교사들과 협력하고 지속적인 보완과 수정을 거듭했으며 그 결과물을 학생들의 공개 수업을 통해 발표했습니다. 그런 덕분에 오랜만에 스승을 찾은 제자들도 스승의 교수법에서 또다시 많이 발전한 모습을 발견했다고 해요. 꾸준한 관찰과 실험을 통해 자료를 축적하고, 이를 통해 일반 규칙을 도출하고, 이를 학회나 논문을 통해 동료 학자들과 나누며 새로운 지식을 향해 나아가는 과학자의 모습과도 많이 닮아 있습니다.

한편 바가노바의 교본 《고전 발레의 기본 원리》는 공산 진영을 비롯해 전 세계 발레 교육 과정에 큰 영향을 미쳤습니다. 제가 생각하기에 이 책의 특별한 점은 단지 자신의 교수법을 소개하는데 그치지 않고 프랑스 학파와 이탈리아 학파의 장단점을 체계적으로 분석하고 종합해 새로운 교수법의 타당성을 논증했다는 점입니다. 다시 말해 객관성을 중시하는 학자의 눈으로 발레 교수법의 큰 그림을 그려내고 있습니다.

교본은 매우 논리적으로 서술돼 있습니다(정말이지, 교과서나 논문, 심지어 전자 제품 설명서를 읽는 기분이 들 정도입니다). 특이하게도 교본의 서술 방식은 실제 클래스의 진행 순서와는 다릅니다. 수업에서 가르칠 앙셴느망을 단순히 나열하기보다는 전체적인 개념과 체계를 이해시키는 게 주 목적이기 때문입니다. 반복적인 설명은 지양하고 기본 개념부터 예시 수업까지 전개한 충실한 매뉴얼입니다. 바가노바 자신과 제자들에 의해 수정판이 계속 나왔다는 점도 특별합니다.[3] 교수법을 한 가지 모습으로 고정시키기보다 과학과 미학, 그리고 시대의 변화에 따라 지속적으로 보완해나가야 할 집단 지성으로 바라본다는 의미이기도 합니다.

훈련의 방식은 굉장히 논리적입니다. 바가노바는 발레 학교 수업을 과감하게 바꾸며 실험했고, 이를 통해 8년 과정을 섬세하게 설계해 몸의 발달 단계에 맞는 적절한 훈련을 제공했습니다. 체케티처럼 면밀하게 계획된 수업을 통해 느리고 단순한 동작에서 점차 빠르고 복잡한 동작으로 점진적으로 진행시키지요. 1학년 땐 양손으로 바를 잡고 몸통과 머리, 팔다리의 협응력을 익히는 데 전념하고 고학년이 될수록 어려운 동작을 더해가다가 8학년이 되면 몸 전체를 움직이게 됩니다. 목표는 단단한 수직축, 표현력 있는 팔, 자연스런 머리 등 신체 전부가 협응해 춤추는 것입니다.

능동적인 학습도 강조했습니다. 학생들은 몸으로 동작을 익힐 뿐만 아니라, 어떻게 행해야 하며 그 목적이 무엇인지도 말로 설명할 수 있어야 했습니다. 또한 앙셴느망의 동작을 글로 적으며 특정 동작이 잘 안 되는 이유도 찾았습니다. 발레뿐만 아니라 캐릭터, 연극, 미술, 음악 등의 역사도 배웠습니다. 모두 자기 춤의 주인이 되기 위한 과정이었지요. 1953년에 출간된 네 번째 판본에서 바가노바는 발레 학교의 새로운 교육 목표를 '학생들의 전문성을 키우기 위한 학업 영역에서의 다재다능함'이라고 설정했다고 말합니다. 학생들은 그 목표에 따라 정규 수업 외에도 학교 공연 제작에 참여할 기회를 가졌습니다. 이 모든 과정을 발레 클래스의 일부로 봤다고 하니 아마도 무용수 외에도 안무가, 행정가로 발전할 가능성까지 염두에 둔 것이라고 생각합니다.

이처럼 과학적이고 논리적인 교수법은 무용수들을 빠르게 바꿔놓았습니다. 그녀에게 불과 4개월간 배웠던 전설적인 발레리나 마야 플리세츠카야(Maya Plisetskaya)는 "바가노바는 마치 1급 외과의사처럼 모든 근육을 알았고 각각을 어떻게 써야 하는지 이해했다. 그리고 이를 너무나 쉽게 설명해서 왜 내가 지금껏 그걸 스스로 깨닫지 못했는지 의아할 정도였다. 하지만 단순함이야말로 천재성의 발로가 아닌가"[4]라고 회고했습니다. 바가노바

---

3   1980년에 바가노바 탄생 100주년 기념 다섯 번째 판본이 나왔습니다.

4   Natalia Roslavleva(1967). *Maya Plisetskaya*. Moscow: Iskusstvo, p. 17; 재인용, Azary Messerer(1989). Maya Plisetskaya: Childhood, Youth, and First Triumphs, 1925-59. *Dance Chronicle*, 12(1), p. 23.

의 사진들을 찾아보면 지팡이를 들고 지도하던 이전 세대의 발레 마스터들과는 달리 두 손으로 직접 학생의 몸을 잡아주면서 가르치고 있는 것이 눈에 띕니다. 말이 아닌 몸으로 직접 시범을 보이는 것을 강조했던 그녀답게 매우 정교하고 섬세하게 지도했음을 알 수 있습니다.

바가노바의 클래스는 작은 실험실이자 커다란 세상이었습니다. 테크닉은 그 자체로 추구해야 할 이상이 아니라 예술성을 높여줄 수단이며, 발레 클래스는 무용수들이 동시대의 안무를 잘 소화해낼 수 있도록 준비하는 곳이었습니다. 플리세츠카야는 바가노바가 매일매일의 클래스가 춤 그 자체임을, 따라서 클래스를 어떻게 사랑해야 하는지 가르쳐줬다고 회고했습니다. "그녀를 만나기 전 나는 그저 춤추기만 좋아했다. 이제 나는 내 작업이 얼마나 흥미롭고 흥분되며 창조적인지, 그리고 매일의 훈련이 진짜 춤과 얼마나 가까운지 깨달았다."

RAD와 조지 발란신: 집단 지성이냐, 안무 실험실이냐

19세기 전반에 형성된 발레 교수법은 블라시스, 부르농빌, 체케티, 바가노바 등 발레 마스터들의 개성과 신념, 사회적인 맥락에 따라 조금씩 다른 특징을 가지지만 하나의 공통점이 있습니다. 바로 발레 학교-발레단-극장의 순환 체계를 바탕으로 한다는 것입니다. 그 안에서 당대 최고의 무용수였다가 교육자로 전환한 이가 신체 조건과 능력을 갖춘 아이들을 선별해 집중적으로 일관되게 가르쳐 프로페셔널 무용수로 키워내며, 이들이 다시금 발레단 단원이 되어 무대를 채우게 됩니다.

하지만 모든 발레 클래스가 이러한 모습이어야 할까요? 다른 대상에게, 다른 목적으로, 다른 방식으로 가르치는 클래스라면 어떠해야 할까요? 모두가 발레 학교에서 배울 수 있는 것도, 모든 수업이 전문 무용수를 키워내야 하는 것도 아닙니다. 여기서 소개할 두 교수법인 RAD와 발란신 메소드는 그런 면에서 일반적인 체계와는 조금 다릅니다. RAD가 집단 지성의 공동 창작물이라면, 발란신 메소드는 개인 안무가의 실험실이라 볼 수 있습니다. 전형적인 발레 메소드에서 조금 벗어나 있는 데다 서로 상반된 메소드라는 점에서 흥미롭지요.

유럽에서 발레는 프랑스, 이탈리아, 덴마크, 러시아로 퍼져 나갔지만 영국에선 잘 정착하지 못했습니다. 발레 공연이 없었던 것은 아닙니다. 노베르를 비롯해 파블로바, 발레 뤼스까지 당대 유명한 무용수나 안무가, 발레단은 모두 영국을 빼놓지 않고 방문했습니다. 그럼에도 불구하고 영국에서 발레는 늘 '수입 예술'로 취급됐습니다. 발레가 '너무 허례허식적이고 프랑스적'이어서 영국 정서엔 맞지 않는다는 통념이 강했습니다. 발레 뤼스에서 활동하던 영국 무용수들이 러시아식 이름으로 개명해 활동했을 정도니까요.

그런 만큼 영국의 발레 교육은 20세기 초까지도 수준이 낮았습니다. 토착 춤 교사들 중에는 발레가 뭔지, 어떻게 가르쳐야 하는지도 모르면서 가르치는 이도 많았습니다. 폴란드 출신으로 훗날 영국 발레계의 대모가 된 마리 램버트는 처음 영국에 왔을 때 깜짝 놀랐다고 회고했습니다. 그런데 러시아 혁명과 1차 세계 대전을 전후로 해 러시아 무용수가 대거 영국으로 몰려들었습니다. 리디아 로포코바(Lydia Lopokova), 니콜라이 레가트, 레오니드 마신(Leonide Massine), 엔리코 체케티 등 일류 무용가들이 정착했으니 토착 발레와의 괴리가 더욱 두드러졌겠지요. 자연스럽게 이때부터 발레 교육에 대한 문제의식도 불거졌습니다.

1916년 《댄싱 타임즈Dancing Times》라는 무용 잡지에서 "모든 오페라 댄스 교사가 꼭 알아야 하고 가르칠 수 있어야 하는 것"

이라는 제목으로 발레 교사 에두아르 에스피노사(Édouard Espinosa)의 교수안을 다루었는데, 그것이 뜨거운 반향을 일으켰습니다. 발레 수업에서 최소한 무엇을 가르쳐야 하는지에 대한 간단한 서술에 불과한 기사였지만 영국의 발레가 얼마나 당스데꼴과 거리가 멀었는지 여실히 드러났기 때문입니다. 에스피노사는 이에 대해 자신이 특별히 개발한 것은 없으며 보샹, 페쿠르부터 탈리오니, 프티파에 이르기까지 과거의 마스터들이 전해준 것일 뿐이라 답했지요. 볼쇼이 발레단에서 주역 무용수로 활약했던 아버지를 비롯해 모스크바에서 발레를 배운 그에겐 그 모든 것이 너무 당연한 상식이었으니까요.

기사 한 편이 불러온 반향에 주목한 편집장 필립 리처드슨(Philip Richardson)은 전쟁의 포화가 잦아든 1920년 7월, 런던의 한 레스토랑에서 발레계 인사들의 만남을 주선했습니다. 에스피노사 외에 덴마크 출신 아델린 제네(Adeline Genée), 러시아 황실 발레 학교 출신의 타마라 카르사비나, 이탈리아 출신 루치아 코르마니(Lucia Cormani), 영국 출신 필리스 베델스(Phillys Bedells)가 명예 손님으로 초청됐습니다. 이들은 각각 부르농빌, 러시아, 이탈리아, 영국의 유파를 대표했습니다. 리처드슨으로서는 발레계가 혈통에 따라 매우 쪼개져 있고 서로 알지도 못했기에 여러 유파를 포괄하는 게 중요하다고 판단한 것입니다.

그들은 고전적인 당스데꼴의 교육을 목표로 위원회를 조직하고 자주 만나 의논했습니다. 총 10단계의 교육 프로그램을 만들고 단계별 수업은 어떻게 구성할지, 동작 명칭을 어떻게 정할지 세세하게 조율했습니다. 다양한 유파의 메소드를 종합하고 영국에 적용할 수 있는 수준을 가늠하기 위해 머리를 모았습니다. 그해 12월에는 대영 오페라춤 교사협회(the Association of Teachers of Operatic Dancing in Great Britain)[1]의 조직을 공식 선포했습니다. 앞서 초대한 명예 손님들을 공동대표로 하고, 제네가 회장을, 리처드슨이 명예 사무국장을 맡았습니다. 이 자리에서 첫 번째 수업 계획안(syllabus)(그림 16)을 발표했고 이듬해 첫 번째 시험을 시작했습니다. 1936년에는 왕실 호칭을 받아 RAD(Royal Academy of Dancing; 현재는 Royal Academy of Dance)로 거듭났고, 전 세계로 뻗어나가 현재 85개국에 회원을 보유하고 있습니다.

짧은 글 한 편이 거대한 조직을 만들어냈다니 놀랍지 않나요? 협회가 설립된 날 수업 계획안을 발표했다는 것은 조직의 목표를 분명하게 드러내주고 있습니다. 영국 전역에 걸쳐 발레 교육 수준을 끌어올리겠다는 것이지요. RAD는 표준 메소드를 정립해 활용하고 특강 같은 다양한 활동을 통해 전파시키며 일정 자격을 갖춘 사람을 회원으로 인정하는 전략을 활용했습니다. 또한 전문적인 발레 학교를 위한 교수법이라기보다 전국의 발레 학원 원장들의 수준을 끌어올리려는 인센티브로서의 자격증 제도라 할 수 있습니다.

무엇보다 RAD에서 두드러지는 점은 학생이 아니라 교사가 실기 시험을 본다는 것입니다. 교사는 지식만 있으면 된다고 생각하는 이가 많았지만 RAD는 교사가 스스로 움직일 줄 알아야 학생들을 가르칠 수 있다고 판단했습니다. 실제로 그랬습니

---

[1] 당시 영국에서 '오페라적인(operatic)'은 '고전적인(classical)'과 같은 뜻으로 쓰였고, '고전적인(classical)'은 '그리스적인(Greek)'의 뜻으로 사용됐기에 '오페라춤'은 고전 발레를 지칭합니다.

THE ELEMENTARY
Operatic Syllabus

An Official List of the Exercises and the Steps with which every Teacher of Elementary Operatic Dancing should be acquainted.

This list was prepared and approved of by the Committee appointed to initiate the movement for the founding of an English Association of Teachers of Operatic Dancing: Mesdames ADELINE GENEE, TAMAR KARSAVINA, LUCIA CORMANI, PHYLLIS BEDELLS, and Mr. ESPINOSA.

Positions.

Five positions in which the weight of the body is evenly distributed on both feet.

The fourth position may be *ouverte* or *croisée*.

Exercises: Side Practice.

Pliés, grand battements, battements tendus, battements en rond, ronds-de-jambe à terre, assemblés soutenus, battements frappés and battements sur le cou-de-pied, ronds-de-jambe en l'air, developpés, fouetté ronds-de-jambe en tournant, and exercises on the demie pointe.

Arms.

First, second, third, fourth, and fifth position.

Centre Practice.

Same as Side Practice with alternate feet and the use of both arms.

Adage.

Dégagés, chassés, coupés, posés, attitudes, arabesques, detournés, fouettés, relevés, rotations, assemblés soutenus en tournant, preparations for pirouettes, pirouettes sur le cou-de-pied, exercises on the demie point and ports de bras.

Steps.

Pas marchés, glissades (devant, derrière, dessous, dessus, en avant, en arrière), assemblés (as glissades), jetés, échappés, ballonés, temps levées, pas de basque, pas de chat, pas de cheval, fouetté movements and fouettés, pas de bourrée, emboités, deboités, temps de flèche, temps de cuisse and elementary temps de pointes.

Simple Steps of Elevation.

Changements, soubresauts and sissones.

Petite Batterie.

Simple royale and entrechat quatre.

그림 16. RAD가 1920년에 발표한 첫 번째 수업 계획안

다. 첫 번째 교수 계획안은 앙트르샤 꺄트르, 로열, 샹쥬망, 쑤브르쏘, 씨쏜느 등 단순한 동작으로 짧게 구성됐고 포인트 워크도 없습니다. 그럼에도 이를 능숙하게 해내는 사람이 별로 없었습니다. 심지어 핑크 타이츠와 핑크 슈즈라는 복장을 갖추는 걸 이해하지 못하는 이도 있었습니다. 간혹 규정이 복잡하고 동작이 어렵다고 불만을 토로하는 교사들에게 에스피노사는 이렇게 답했습니다.

> 제가 어제 한 학생을 만났습니다. 체격도 좋고 발도 좋은데 춤의 테크닉과 원리에 대해 아는 것이 없었습니다. 아쌍블레를 하라고 하자 발차기를 하고 다섯 가지 발 자세를 시키니 틀렸습니다. 그녀는 '탈리오니 체인지(Taglioni changes)'를 할 수 있다고 하지만 세상에 그런 동작은 없죠. 학생의 어머니에게 완전히 처음부터 배워야 한다고 하니 엄마는 기가 막혀 했고 아이는 마음이 무너졌습니다.[2]

에스피노사가 바란 것은 어려서부터 좋은 인재를 뽑아 여러 해 동안 집중적으로 가르치는 전문 교육이 아니었습니다. 기본을 갖추지 못한 교사가 학생의 미래를 망칠지도 모르는 폐해를 줄이는 것이 RAD의 현실적인 목표였습니다. RAD는 교사 자격증 시험을 초급-중급-고급의 단계별로 점차 마련하고 이를 위한 특강도 열었습니다.

교사 시험을 갖추고 나서는 학생들의 등급 시험도 마련했습

---

[2] Derek Parker(1995). *The first 75 years of the Academy*. p. 10.

그림 17. RAD 시험 장면

니다. RAD의 '등급화된 수업 계획안(graded syllabus)'은 다섯 살 이상의 프리프라이머리 등급을 시작으로 8등급까지 나뉘며 다른 메소드에 비해 더 느리고 점진적으로 진행됩니다. 8등급이 끝나야 비로소 '전공 수업 계획안(vocational syllabus)'을 배울 수 있습니다. 즉, 그 이전 단계까지는 취미와 교양에 더 맞춰져 있다는 의미입니다.

저는 두 가지 측면에서 RAD를 독특하고도 소중한 발레 메소드라 부각시키고 싶습니다. 첫째, 뛰어난 개인 한 명이 만든 교수법이 아니라 서로 다른 이들이 모여 토론하며 만들어낸 집단 창작물이라는 점입니다. 토착의 스타일이나 전통이 부재한 상황에서 출신 국가와 유파가 다른 이들이 뜻을 모아 교육의 목적과 방법, 동작의 형태와 명칭까지 하나하나 협의를 통해 구성했습니다. 천재의 산물도 멋지지만 이런 협동의 결과물도 충분히 의의가 있습니다. 이렇다 할 혈통이 없던 RAD가 빠르게 자리 잡은 데에는 협동의 힘이 한몫했다고 봅니다.

둘째, RAD는 교양 교육으로서 발레 교육의 가치를 강조합니다. 전국에서 최고의 학생만 뽑아 엘리트 교육을 시키는 기관이 아니라 수많은 학원과 학교에서 이루어지는 발레 수업을 위한 최소한의 기준을 세우고 학생과 교사들이 도움받을 수 있도록 지원하는 것이 주 목적입니다. 국가대표 선수를 뽑는 데 치중하기보다 생활 체육을 활성화시키려는 것이죠. 왕립 발레 학교를 비롯한 몇 개의 발레 학교에서 RAD 등급 시험을 도입하고 있긴 하지만 등급 시험 자체가 학교나 발레단에 들어가는 데 실질적인 도움이 되지는 않습니다. 대신 점진적인 노력을 통해 자신의 실력을 점검해보는 기회로서 가치가 있습니다.

1920년대 학생의 등급 시험이 처음 생겼을 때는 '일주일에 한 번 배우는 학생(one-lesson-a-week child)'을 대상으로 했습니다. 또한 마지막 등급에서 직접 음악을 고르고 안무하는 '솔로 씰(solo seal)'이라는 단계를 만들고 장애 학생을 위한 발레 교육에 대한 고민도 함께 품었습니다. 교육 인프라가 약했던 상황을 타개하겠다는 생각에서 기인한 것도 있지만 교양 교육과 전인 교육에 대한 관심을 드러내는 대목이라 할 수 있습니다. 2000년대에 들어서는 등급 시험에 연령 상한 제한을 없애 성인 취미 발레나 시니어 발레도 지원하고, 발레가 아닌 다양한 스타일의 움직임도 포괄하고 있습니다.

미국에서도 2007년 아메리칸 발레 시어터가 NTC, 즉 전국 교수 커리큘럼(National Training Curriculum)이라는 절충적인 메소드를 내놓았습니다. RAD와 마찬가지로 교사 자격증과 학생 등급 시험을 통해 교육의 가이드라인을 제공하고 기존 메소드들의 장점을 절충적으로 결합한 시도였습니다. 바 올리기(Raising the Barre)[3]라는 주말 교사 연수 프로그램에서 알 수 있듯 어릴 때 선발된 소수의 영재가 아니라 미국 전역에 있는 발레 스튜디오들의 교육 수준을 끌어올리는 데 초점이 맞춰져 있습니다. RAD가 충분히 잘 해내고 있지만 영국의 상황에 맞도록 영국적 색채와 문화를 반영한 결과물이기에 미국의 상황에 부합하는 메소드가 필요했을 겁니다.

RAD와 NTC가 발레 메소드보다는 자격증 제도에 가까운 것처럼 발란신 메소드는 또 다른 측면에서 발레 메소드라 부르기에 애매한 면이 있습니다. 뉴욕시티 발레단 초대안무가인 조지 발란신(George Balanchine, 1904~1983)은 블라시스, 부르농빌, 체케티, 바가노바, 그리고 RAD의 교사들과는 달리 교본을 낸 적이 없습니다. 그는 안무하느라 너무 바빴습니다(무려 450여 개의 작품을 쏟아냈지요). 소크라테스와 그의 제자들이 그러했듯, 발란신이 남긴 말을 종합하고 정리하는 것은 제자들의 몫이었습니다. 게다가

---

[3] "raise the bar"는 기대치를 높인다는 뜻이지만 여기선 barre라고 표기함으로써 발레 교육의 기준을 높인다는 중의적 뜻을 담았습니다.

발란신은 발레의 일반적인 원리나 규칙에 대해서도 심드렁했습니다. "규칙에 집착할 필요 없다. 규칙은 깨지라고 존재한다"라고 강조하며 누군가가 뭔가를 잘한다면 그냥 그걸 하게 두면 된다고 했을 정도입니다. 심지어 교사로서의 정체성도 약했습니다. "나는 가르치는 사람일 뿐 교사가 되지 않았다. 실력이 별로인 무용수들이나 교사가 된다"[4]라고도 말했습니다.

이처럼 발란신은 발레의 일반적인 원칙과 정통성을 구축해 나간 교육자나 이론가라기보다는 자기 춤을 만드는 안무가였습니다. 러시아 황실 발레 학교 출신이자 발레 뤼스의 마지막 안무가였던 그는 미국에 와서 SAB(School of American Ballet)를 설립하고 피에르 블라디미로프(Pierre Vladimiroff), 펠리아 두브로브스카(Felia Dubrovska), 알렉산더 다닐로바 등 러시아 황실 발레 학교 출신 무용수들을 교사로 채용해 수업을 맡겼습니다. 기본기만 잘 갖추면 자신의 테크닉을 뒤늦게도 배울 수 있다고 봤기 때문입니다. 그 자신은 발레단 무용수들을 가르쳤고 이마저도 매일 가르친 건 아닙니다.

그럼에도 불구하고 발란신 메소드는 존재감이 큽니다. 무엇보다도 미국에서 제대로 된 발레의 체계를 세웠기 때문입니다. 링컨 커스틴(Lincoln Kirstein, 1907~1996)의 초청으로 맨몸으로 미국에 도착한 그는 오랜 고생 끝에 극장(링컨센터)-발레단(뉴욕 시티 발레단)-학교(SAB) 체제를 정착시켰습니다. 커스틴이 미국에 발레단을 만들자고 초청했을 때 우선 발레 학교부터 만들어야 한다

---

[4] Suki Schorer(2006). *Suki Schorer on Balanchine technique*. Gainsville, Fla. : University Press of Florida. p. 24.

고 한 말인 "일단 학교부터(But first, a school)"는 발레 교육에서 가장 유명한 말이 됐지요.

그의 발레단과 발레 학교는 미국 사회에서 발레를 대중화시켰을 뿐만 아니라 수준을 끌어올리는 데 큰 영향을 미쳤습니다. 1963년 포드 재단은 발레계에 무려 770만 달러의 기금을 지원했고 그중 590만 달러를 뉴욕 시티 발레단과 SAB에 지원했습니다. 발란신은 10년간 미국 전역을 돌며 발레 교사들을 위한 세미나를 열어 가르치고 우수한 인재들을 선발했습니다. 그 결과 1960~1970년대 미국의 발레 붐이 일었습니다.

발란신의 클래스는 여느 발레 클래스와 달랐습니다. 소위 '몸풀기'와는 거리가 멀었기 때문입니다. 그는 "나는 건강을 가르치지 않는다"며, 스트레칭하고 기분 좋게 몸 풀고 싶으면 헬스클럽에 가고 필라테스나 마사지를 받으라 했다죠. 바워크에서도 워밍업을 하지 않아 무용수가 30분 이상 일찍 도착해 알아서 워밍업을 해야 했습니다.

대신 발란신은 클래스를 통해 무용수들이 자신의 작품을 소화할 수 있도록 훈련시켰습니다. 전통적인 당스데꼴만 익힌 무용수들은 새로운 방식으로 움직이는 자신의 작품을 소화할 수 없기 때문에 취한 방식입니다. 오늘날 컨템퍼러리 댄스 안무가들이 수업에서 자신의 스타일을 가르치고 이를 바탕으로 작품을 만드는 방식과 비슷하지요.

발란신의 클래스는 자유로운 실험실이었습니다. 일반적인 클래스는 어느 정도 정해진 형식의 바워크와 센터워크 안에서 진행되지만 발란신의 클래스는 관습에서 많이 벗어났습니다.

그림 18. 무대에서 무용수를 지도하는 조지 발란신

엄청나게 빠르거나 느린 박자, 갑작스런 방향 전환, 비일상적인 타이밍, 몸의 중심축에서 벗어나기 등 움직임의 가능성을 찾기 위해 매우 다른 방식으로 실험했습니다. 한두 가지 동작을 엄청나게 반복시키거나 재즈, 스윙, 민속춤 등의 동작과 결합시키기도 했지요. 클래스는 학생들이 인지하는 자신의 능력 이상을 시도해볼 시간, 위험을 무릅쓰고 실패가 용인되는 시간이었습니다. 발란신의 무용수였던 수키 쇼러(Suki Schorer)는 "감히 시도해보는 과정에서 우리 자신과 발란신을 놀라게 했다"고 회고했습니다. 발란신이 오픈 클래스를 싫어했다는 것도 이해가 됩니다. 누군가가 지켜보면 아무래도 잘하는 모습을 보여주려 하기 때문에 클래스가 일종의 공연이 되기 때문입니다.

대신 그의 클래스는 다른 의미에서 공연과 가까웠습니다.

클래스의 앙센느망이 작품을 구성했고, 작품의 요소가 앙센느망으로 활용됐습니다. 어느 날 공연에서 흥미로운 점을 발견했다면 다음 날 클래스에서 다뤘고, 무대에서 부족했던 부분을 집중적으로 만회했습니다. 모든 여성 무용수는 바워크부터 포인트 슈즈를 신고 어느 순간에도 발끝으로 올라설 수 있어야 했고 발란신은 눈앞에 주어진 상황에서 최선을 다해 무언가를 만들어내는 데 집중했습니다.[5] 그게 클래스인지 안무인지는 중요치 않았습니다.

발란신은 클래스의 연습복에 대해 매우 깐깐했다고 하죠. 여성은 레오타드에 핑크 타이츠 차림이고 남성은 딱 붙는 흰 티셔츠에 흰 양말, 검은 타이츠 차림을 갖춰야 했습니다. 여성은 짧은 스커트 외에 헐렁한 워머를 입을 수 없었고 슈즈가 구멍 나거나 더러우면 안 됐습니다. 또 머리를 말끔하게 높이 틀어 올리고 붉은 립스틱을 발라야 했습니다. 흡사 오디션 복장과 같습니다. 언제라도 무대에 오를 수 있는 모습으로 수업에 임했고, 실제로 그러했습니다. 〈네 가지 기질Four Temperaments〉이라는 작품은 초연 직후 의상을 없애고 연습복 차림으로 오르게 했으며 이는 '발란신 룩'이 됐습니다.

발란신은 메소드에 대한 이론을 세우지 않았고 매우 절충적이고 실용적인 방식으로 가르치고 안무했습니다. 자신을 '교사' 대신 '가르치는 이'라 일컫고, '안무가' 대신 '춤 공급업자(dance

---

[5] SAB가 설립된 직후인 1934년, 학생 발표회를 위해 〈세레나데Serenade〉를 안무할 때 오프닝 부분을 안무하는 날 열일곱 명의 무용수가 나타났기 때문에 나비넥타이 모양의 대형으로 만들었다거나, 〈아공Agon〉을 안무할 때 다리를 절룩거리며 나타난 발란신이 절룩거리는 동작을 작품에 넣었다는 에피소드가 유명합니다.

supplier)'라 지칭했던 그에게 발레 클래스는 자신이 추구하는 움직임 스타일을 탐색할 수 있는 실험실이었지요. 발란신은 자기 작품을 소화할 수 있는 무용수를 찾아 기르고, 이것이 자연스레 하나의 메소드가 됐습니다. 이렇게 보면 발란신 메소드는 연역법이 아니라 귀납법이라 할 수 있습니다.

Denouement

모든 것이 자라고
모든 것이 나아간다

사람들은 오래전부터 춤을 췄습니다. 지역마다 다양한 춤들이 등장하고 전파되고 변형되는 건 자연스러운 일이지요. 그런데 17세기 말 루이 14세가 세운 왕립 무용 아카데미는 유럽 각 지역에서 발생한 다양하고 이질적인 춤들을 분해하고 재조립해 일관된 원칙과 체계로 통합했습니다. 여기엔 나라의 모든 영역을 강력한 군주 아래 놓고자 했던 루이 14세의 욕망, 나아가 세상의 모든 현상을 체계적으로 이해하고자 한 서양 근대 사회의 욕망이 담겨 있습니다. 이렇게 보면 당스데꼴의 발레는 방언들을 통일해 고정시킨 표준어라 할 수 있습니다.

그런데 한번 만들어진 표준어는 언제나 같은 모습으로 남아 있을 수 있을까요? 몸으로 표현해야만 존재하는 춤에서 이게 가능할까요? 여러 지역과 국가로 전파되고 무수한 무용수의 몸을 거치면서 발레의 원칙과 체계는 조금씩 변형됐습니다. 오늘날에도 체케티, 부르농빌, 바가노바, RAD, 발란신 등 복수의 메소드가 공존한다는 사실은 표준어가 다시금 방언으로 갈라졌음을 방증합니다.

**고정되지도,
통일되지도 않는 규칙들**

당스데꼴은 완벽하게 고정되거나 통일되지 않았습니다. 기본 자세부터 말입니다. 당스데꼴의 토대라 할 수 있는 다섯 가지 발 자세는 큰 변형 없이 오늘날까지 전해졌습니다. 하지만 팔 자세에 대해선 다양한 형태와 명칭이 공존했습니다. 19세기 초에는 몸의 앞쪽에서 팔을 둥글게 모으는 동작을 주로 사용했습니다. 팔 높이에 따라 브라 바(bras bas: 낮은 팔), 브라 아방(bras avant, 혹은 bras arrondis), 브라 오(bras haut: 높은 팔)라 불렀습니다. 오늘날에 비해 팔꿈치는 더 둥글게 만들고 양손의 간격은 더 멀어서, 브라 아방을 한 자세를 정면에서 보면 손이 어깨와 겹칠 정도였습니다.

이런 바탕 위에서 부르농빌은 여러 가지 팔 자세에 이름을 붙였고 체케티는 다섯 가지로 정리해 번호를 붙였습니다. 그의 1번 자세는 19세기의 브라 바를 계승하고 있습니다. 그런데 체케티의 팔 자세는 4번 자세가 2개, 5번 자세가 3개로 복잡합니다. 이에 바가노바는 준비 자세, 1번 자세, 2번 자세, 3번 자세로 좀 더 간결하고 논리적으로 정리했습니다. 발란신은 더욱 변칙적입니다. 그는 1번 자세에서 손이 겹쳐지는 것을 선호해 낮은 5번(bras bas)에서 높은 5번(bras haut)으로 갈 때 셔츠를 벗듯이 머리를 숙이며 손목을 겹치게 했습니다. 또한 '작은 팔(small arms)'이라는 자세를 고안했는데 빠른 템포로 움직일 때 팔을 몸 가까이 낮게 유지하는 걸 지칭했습니다. 이처럼 메소드마다 팔 자세의

명칭과 방법이 서로 다른 데다 우리나라에서 관습적으로 부르는 명칭은 여기서 또 다르지요.[1]

[1] 우리나라에서는 주로 앙 바(en bas), 앙 아방(en avant), 앙 오(en haut), 알 라 스꽁드(à la seconde)라고 사용하지만 이는 방향(en bas: '아래로')이지 고정된 자세(bas: 아래)가 아니라는 점에서 정확한 용어가 아닙니다. 부르농빌, 체케티, 바가노바 메소드 어디에서도 우리가 쓰는 용어를 사용하지 않습니다.

부르농빌	1번 자세	브라 바	1번 자세 앙 아방
체케티	1번 자세	5번 자세 앙 바	1번 자세 앙 아방
바가노바		준비 자세	1번 자세
RAD		브라 바	1번 자세

부르농빌	2번 자세	3번 자세 앙 오	5번 자세
체케티	2번 자세	4번 자세 앙 오	5번 자세 앙 오
바가노바	2번 자세	큰 포즈	3번 자세
RAD	2번 자세	4번 자세	5번 자세

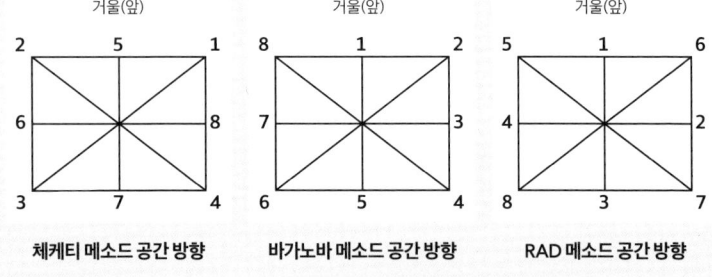

체케티 메소드 공간 방향　　**바가노바 메소드 공간 방향**　　**RAD 메소드 공간 방향**

공간의 방향 번호도 다양합니다. 부르농빌이 무용수를 둘러싼 사각형 공간의 고정점에 이름을 붙이기 시작했고, 체케티는 여기에 번호를 매겼습니다. 그런데 바가노바는 지극히 간결하고 논리적이라는 근거로 전혀 다르게 방향을 매겼고, RAD 역시 또 다른 방식으로 정했습니다. 그리하여 현재 세 가지 공간 방향이 공존합니다.

이처럼 팔 자세나 공간 방향 등 기본적인 원리도 다양하게 공존하니 발레 클래스의 구조나 움직임이 다양한 것은 말할 것도 없겠지요. 우선 바워크를 봅시다. 19세기 초의 바워크는 정해진 기초 연습을 바에서 수행한 후 센터에 나와 그대로 반복했습니다. 순서가 고정된 바워크(set barre) 형식은 부르농빌과 체케티로 이어졌습니다. 부르농빌의 바워크는 총 여덟 가지 동작으로 구성되어 15분 정도 소요됐습니다. '매우 많은 동작으로 구성된 매우 짧은 바워크'[2]라고 요약됩니다. 이후 센터로 나와 그대로 반복합니다. 부르농빌은 바에서 너무 지칠 필요 없이 워밍업만 하

2　Erik Aschengreen et al.(2006). The Bournonville Schools: A New Look. *Dance Chronicle*, 29(3), p. 384.

면 된다고 했습니다. 하지만 워밍업을 하기에도 짧은 데다 동작이 너무 힘들고 점진적으로 진행되지 않아 몸에 무리가 간다고 여겨졌습니다. 체케티 역시 바워크를 짧게 하고 센터에서 반복했습니다. 하지만 부르농빌에 비해 좀 더 점진적이고 논리적으로 설계됐습니다. 쁠리에 다음에 그랑 바뜨망을 하는 부르농빌과는 달리 바워크의 마지막에 하는 점이 대표적인 예입니다.

바가노바의 바워크는 몸을 워밍업하는 것 외에 유연하고도 강하게 단련시키는 목적을 지녔기에 이전보다 길고 복잡해졌습니다. 또한 바에서부터 몸통의 에뽈망과 머리까지 포함시켜 전신의 조화로운 움직임을 강조했습니다. 훗날 발란신은 바가노바와는 반대로 체계화했습니다. 바에서 하체에만 집중하도록 에뽈망이나 복잡한 뽀르 드 브라를 생략하고 단순한 스텝을 무수히 반복하게 했습니다. "바뜨망 땅뒤만 잘하면 다른 건 별로 할 필요 없다"고 말했던 그는 땅뒤를 엄청나게 빠르게 반복시켰습니다. 이처럼 메소드마다 바워크의 목적이 달랐음을 알 수 있습니다.

센터워크로 가볼까요? 18세기 춤 수업에서 가보트, 꾸랑뜨 등 특정 춤을 작품처럼 연습하던 전통은 부르농빌과 체케티 메소드에 남아 있습니다. 일반적으로 앙셴느망은 테크닉을 향상시킬 목적으로 일련의 동작들을 연결한 '연습을 위한 연습'일 뿐이지만 여기에 독특한 제목을 붙여 작품처럼 연습시켰습니다. 부르농빌의 앙셴느망인 '어두운 동작(Dark Pas)'은 너무 어려워서 무용수들이 침울해진다는 의미가 있고, 체케티는 개인적 혹은 사회적인 사건을 기념하며 앙셴느망을 창작하고 제목을 붙였습니다. 앙셴느망 자체가 일종의 작품이 된 셈입니다.

앙센느망을 아다쥬와 알레그로로 나누고 매 클래스에서 두 영역을 모두 다루는 방식은 부르농빌이 시작했습니다. 아다쥬는 당쇠르 노블의 춤에서 온 느리고 우아한 움직임이고, 알레그로는 빠른 박자로 도약과 회전을 하는 드미-카락테르의 전통에서 왔지요. 이전의 무용수들은 자기 스타일에 맞는 움직임만 연습했지만 스타일의 구분을 무너뜨린 베스트리스의 제자인 부르농빌은 아다쥬와 알레그로를 한 클래스에 모두 넣었습니다. 전천후 무용수를 키워내기 위해서였습니다. 그 대신 균형 잡기와 삐루에뜨에 약했던 부르농빌은 센터워크에서 아다쥬나 삐루에뜨를 별로 하지 않고 온갖 점프와 바뜨리를 행했습니다.

체케티는 머큐리 동상에서 따온 독특한 팔 포지션을 포함해 여덟 가지 뽀르 드 브라(port de bras) 동작으로 센터워크를 시작했습니다. 여러분이 센터워크를 시작할 때 종종 뽀르 드 브라 동작만 따로 행할 때가 있다면 체케티에서 온 것이랍니다. 뽀르 드 브라가 끝나면 센터바워크를 반복한 후 아다쥬로 넘어갔습니다. 체케티의 아다쥬는 느리고, 길고, 정지하는 포즈가 없어 매우 힘들었습니다. 그는 동작을 할 때 팔, 다리, 몸통, 머리 등 몸의 모든 부분이 동시에 시작해 멈추지 않고 움직이며 동시에 끝나야 한다고 강조했습니다. 하지만 아다쥬보다 알레그로에 중점을 두었고 활기차고 민첩하게 움직이도록 가르쳤습니다. 또한 마지막의 포인트 워크를 제외하고는 남녀 모두 동일한 동작을 수행했습니다.

바가노바는 알레그로가 수업 목적이라고까지 말합니다. "알레그로가 춤 과학의 토대다. 춤은 알레그로 위에 건축됐다. …

수업에서 알레그로 이전까지는 준비일 뿐이고 알레그로에 와서야 진짜 춤을 배우기 시작한다"[3]고 했습니다. 이렇게까지 알레그로를 강조했다니 신기하지요? 여기엔 숨은 의미가 있습니다. 바가노바는 고전 발레의 남녀 이인무인 그랑 빠 드 두 형식[4]을 전제로 수업을 진행했습니다. 여성 무용수는 아다지오에서 남성 파트너의 지지를 받아 춤을 추고, 솔로 베리에이션에선 다양한 알레그로 동작을 통해 자신의 기량을 드러내게 됩니다. 여학생만 가르치고 그들을 위한 교본을 쓴 바가노바는 남성 파트너의 도움으로 수행하는 아다지오보다는 여성이 홀로 자신을 드러낼 수 있는 알레그로가 중요하다고 보았습니다.

원하든 원치 않든 변한다

교사마다 수업 스타일이나 강조점이 다른 것은 어쩌면 상식이지요. 하지만 지금 이야기하고 있는 발레 마스터들이 우리와 다른 점은 기존의 질서를 바꾸는 데 주저함이 없었다는 것입니다. 심지어 개인적인 취향으로 동작을 만들어내기도 했습니다. 블라시스는 머큐리 동상을 보고 아띠뛰드 동작을 만들었고, 부르농빌은 블라시스의 교본에서 리르라는 악기를 든 동작을 보고 아라베스끄 알 라 리르(arabesque à la lyre)라는 동작을 만들었지요. 한편 바가노바는 어느 날 수업에서 헝가리 출신의 학생이 종아리 높이의 쒸 르 꾸드삐에(sur le cou-de-pied) 자세가 아니라 무

---

[3] Agrippina Vaganova(1934; 1969). *Basic Principles of Classical Ballet*. pp. 11-12.
[4] 고전 발레에서 주인공 남녀 무용수가 춤추는 그랑 빠 드 두(grand pas de deux)는 두 무용수가 함께 춤추는 아다쥬 - 남녀 각각의 솔로 베리에이션 - 두 무용수가 함께 좀 더 빠르게 추는 코다(coda)로 구성됩니다.

릎 높이의 르띠레 빠쎄(retiré passé) 자세로 다리를 끌어올리고 삐루에뜨를 도는 것을 보았습니다. 자신의 교본에선 벗어나지만 이 자세가 더 멋져 보인다고 생각해 모든 사람에게 이렇게 하도록 가르쳤다고 합니다.[5] 이제 우리는 종아리 높이에 발을 걸치고 회전하면 틀렸다고 생각하게 됐지요.

발레 마스터들은 발레 클래스를 동시대적인 것으로 여겼습니다. 부르농빌은 교본을 끝맺으며 자신이 정리한 것은 '올드 스쿨'이니 오늘날의 예술가는 스스로 스타일을 찾고 현대적인 감성을 더하며 다른 상황에 맞게 적용해야 함을 당부했지요. 바가노바 역시 발레 클래스를 삶과 세상 속에서 자연스럽게 변하는 것으로 보았습니다.

> 나를 오랜만에 만난 학생들은 내 교수법에서 많은 발전이 있었음을 알게 된다. 그 이유는 뭘까? 새로운 작품에 대해 부지런히 관찰하기 때문이다. 주변의 삶을 둘러보라. 모든 것이 자라고 모든 것이 나아간다. 따라서 삶과 예술을 가까이 할 것을 권유한다.[6]

하지만 한 시대의 혁신일지라도 다음 시대엔 단단한 벽이나 엄숙한 명령이 되곤 합니다. 마스터가 사라지고 제자들도 세대 교체되는 상황에서 이를 안타까운 '손실'로 보는 이들은 '원형'이 더 '훼손'되기 전에 보존하려 합니다. 마치 무용 작품을 보존

---

5   Laura Katz Rizzo(2012). Vaganova's Vision and the Development of Neoclassical Russian Ballet Technique. *Dance Chronicle*, 35(3), pp. 408-413

6   Agrippina Vaganova(1934; 1969). p.xiii.

하듯 마스터들의 움직임 스타일과 가르침의 방식을 보존하려는 것이지요.

부르농빌이 죽은 후 그의 메소드는 박제돼 수십 년간 이어졌습니다. 월요일부터 토요일까지 클래스 순서가 정해져 있고, 학교에 갓 입학한 학생부터 발레단 무용수까지 모두 동일한 난이도의 클래스를 반복했습니다. 교사가 "수요일 3번 동작!"이라고 말만 하면 무용수들이 알아서 했다고 하지요. 흥미롭게도 덴마크 왕립 발레단은 2006년에 새삼스레 DVD와 세 가지 기보법으로 부르농빌 메소드를 기록했다고 합니다. 이유는 역설적입니다. 예전엔 모두가 부르농빌 스타일로 춤춰서 서로 조금씩 달라도 상관없었지만 이제는 매일 부르농빌 메소드만 하는 시대가 아니기에 무엇이 핵심적인 스타일인지 오히려 분석하고 보존할 필요가 생겼기 때문입니다.

발란신은 또 어떤가요. 발란신은 누구보다도 절충적인 인물이었으나 사망 후엔 그가 이룬 것들이 누구의 것보다도 엄격하게 보호받는 지적 재산이 됐습니다. 발란신 재단(The George Balanchine Foundation)과 발란신 트러스트(The George Balanchine Trust)가 설립돼 그의 모든 작품을 보존하고 사용권을 보호하고 있습니다. 발란신의 메소드는 정해진 틀이 없고 즉흥적이어서 RAD나 바가노바 메소드처럼 '교사 자격증'을 주진 않습니다. 하지만 1983년 사망 5개월 만에 그의 테크닉을 여러 편의 영상물로 설명하는 〈발란신 에세이Balanchine essays〉라는 비디오 프로젝트가 시작됐습니다. 심지어 '발란신 테크닉®(Balanchine Technique®)'과 '발란신 스타일®(Balanchine Style®)'이 등록상표가 됐습니다. 테크닉과 스타일이 지적 재산이 되면서 발란신의 메소드는 쉽게 다가가지 못할 영역이 됐습니다.

그럼에도 메소드는 조금씩 변했습니다. 바가노바 발레 학교에선 여학생을 위한 완성반 수업이 사라졌고 새로운 시대에 맞춰 남녀 분리 수업이 통합 수업으로 바뀌는 추세라고 합니다. 일부 제자들은 이 변화가 바가노바의 색채를 흐릴 것이라 두려워했다고 하죠. 한편 덴마크 왕립 발레단은 1951년 바가노바의 직속 제자인 베라 볼코바(Vera Volkova, 1905~1975)를 초청해 짧고 힘든 바워크를 포함해 메소드 전반을 크게 다듬었습니다. 부르농빌의 색채는 흐려지겠지만 발레단의 수준을 높이기 위한 결정이었습니다.

의도적인 개선뿐만 아니라 의도치 않은 변화도 발생합니다. 덴마크 왕립 발레단이 1969년도의 수업 영상과 2006년도의 영상을 비교해보니 스타일의 변화가 감지됐다고 합니다. RAD 역시 마찬가지입니다. 한 무용기록학자가 RAD의 설립자 중 한 사람인 타마라 카르사비나의 수업 계획안을 라바노테이션(Labanotaion)으로 보존하는 프로젝트를 했는데요. 카르사비나의 사망 후 다른 이가 동일하게 가르쳤지만 제자들은 이미 변화를 감지했다고 합니다. 이렇게 볼 때 발레 메소드란 원하든 원치 않든 변합니다. 발레 클래스는 매일 새롭게 실천됩니다.

실용적이고도 근본적인 변화들

메소드에 대한 복종에서 벗어난 발레 클래스는 실용적이고도 근본적인 차원에서 변화하고 있습니다. 우선 실용적인 차원의 변화를 살펴봅시다. 발레 클래스의 목표는 좋은 무용수를 키워내는 것입니다. 이에 우리가 당연하게 여긴 전제나 방식이 실제로 효과가 있는지, 혹은 관습적으로 이어온 신화에 불과한지 하나하나 재검토하고 있습니다. 그 결과 몇몇 오랜 전통이 도전받고 있습니다. 여기에서는 국제무용의과학회(International Association of Dance Medicine and Science)에서 종합한 연구 자료[7] 중 몇 가지만 소개하겠습니다.

워밍업부터 볼까요? 클래스 전에 무용수들은 주로 바닥에서 스트레칭을 합니다. 하지만 연구자들에 따르면 클래스 전 스트레칭은 지구력, 근력, 균형감에 오히려 해가 된다고 합니다. 대신 1~5분 정도의 제자리 뛰기나 가벼운 조깅으로 심박수를 끌어올린 다음 발목, 엉덩관절, 척추, 어깨 등의 관절을 풀어주고, 간단한 근육 스트레칭, 근력 운동과 균형 잡기로 워밍업을 마무리하도록 권장합니다.

연구자들은 바나 거울처럼 수백 년 된 전통에 대해서도 의문을 제기합니다. 바워크의 경우 몸의 한쪽 면을 고정시키고 무게를 지지해줌으로써 테크닉을 단순하고 적절하며 반복 가능한 움직임으로 쪼개서 접근하지요. 이렇게 바에서 동작을 익히면 센터워크에서 지지 없이 동작을 행할 수 있다는 논리입니다. 하지만 바에서 움직이는 방식과 센터에서 움직이는 방식이 차이가 나는 데다, 지탱하는 다리를 충분히 사용하지 않거나 특정 부위를 과도하게 움직일 위험이 있습니다. 수업 시간의 절반이

---

[7] https://iadms.org/resources/publications/resources-paper/#nutr1

나 할애하는 것에 비해 효과가 그리 높지 않다는 점도 지적되고 있습니다.

전면 거울 역시 발레 클래스의 필수 요소로 여겨져왔습니다. 거울은 오늘날 우리가 영상을 찍어 돌려 보는 것보다도 빠르게, 그러니까 춤추는 동시에 피드백을 제공합니다. 하지만 이에 대한 경고도 상당합니다. 시각이 다른 감각보다 강력하다 보니 외적으로 보이는 이미지에만 집중하다 보면 자기 몸을 신뢰하는 법을 익힐 수 없다는 것입니다. 심리적인 측면에서도 거울 앞에선 지속적으로 자신을 남과 비교하기 때문에 경쟁심을 고조시키고 부정적인 자기 비판을 강화합니다. 그래서 거울이 있을 때보다 없을 때 더 큰 만족감을 느낀다는 연구도 있습니다. "[거울을] 들여다보지 마! 너는 보여줘! 내가 봐줄게"[8]라고 말한 발란신의 충고가 와닿습니다.

나아가 전통적인 발레 클래스만으로는 이제 부족합니다. 연구자들은 무용수의 몸이 보기보다 덜 건강하고 불균형적이기 때문에 발레 클래스만으론 기량을 충분히 발달시킬 수 없고 부상을 방지하기 어렵다고 말합니다. 이를 보완하기 위해 웨이트 트레이닝이나 필라테스 등 다른 피트니스를 추가해야 한다고 권합니다. 예술적으로도 충분치 않습니다. 오늘날의 발레 무용수는 고전 발레뿐만 아니라 이질적인 스타일의 작품을 많이 소화해야 하기 때문에 다양한 스타일을 구사할 수 있는 전천후 무용수가 돼야 합니다. 하루는 프티파의 고전 발레를, 다음 날은 아

---

[8] Suki Shorer(2006). *Suki Schorer on Balanchine technique*. Gainsville, Fla. : University Press of Florida, p. 27.

방가르드 댄스를, 그다음 날은 컨템퍼러리 발레를 공연해야 하는 것입니다. 이를 '고용된 몸(hired body)'이라고 표현하는 학자도 있습니다. 프리랜스 노동자처럼 다방면에 능통하려면 당스데꼴로는 역부족이죠.

이에 발레와 맞지 않거나 심지어 상반된다고 여겨지던 접근법을 접목시키는 혁신이 시도됩니다. 현대 무용이나 접촉 즉흥의 테크닉을 접목하기도, 소매틱(somatics)처럼 아예 춤이 아닌 움직임 요법을 접목하기도 합니다. 소매틱은 겉으로 보이는 객관적인 몸이 아니라 안에서 주관적으로 인지하는 몸을 말합니다. 무용수를 몸과 마음, 정신이 나누어지지 않고 통합된 전인(whole person)으로 바라보는 것이죠.[9] 소매틱과 결합된 발레 클래스는 테크닉을 향상시키는 것 너머 인간에 대한 새로운 이해를 강조합니다. 반복 연습을 통해 이상적인 신체 정렬에 맞추거나 특정 포즈를 만들어내는 대신 움직임의 특질과 역동을 중시하고 창조적 측면을 강조합니다. 이처럼 관습에 질문을 던지며 발레 클래스는 바뀌고 있습니다.

한편 발레 클래스를 변화시키는 두 번째 원동력은 클래스 문화에 대한 근본적인 성찰입니다. 발레 클래스는 발레에 대한 지식과 기술을 중립적으로 전달하는 공간이 아니라 다양한 사람들이 만나는 장소입니다. 우리는 발레 클래스에서 어떤 일이 벌어지고 있는지 좀 더 반성적으로 돌아보아야 합니다.

---

9   소매틱에 해당하는 구체적인 접근법으로 알렉산더 테크닉, 바르테니예프 기초 원리(Bartenieff Fundamentals), 릴리스 테크닉(Release Technique), 바디마인드센터링(BodyMind Centering™), 펠든크라이스 메소드(Feldenkrais method) 등이 있습니다.

오랫동안 발레에는 이상적인 신체 조건을 중시하는 문화가 팽배했습니다. 클래스도 예외가 아니지요. 19세기 초 파리 오페라 발레 학교가 재정비됐을 때 학생 선발 방식에 대해 '타고날 때부터 테르프시코레(Terpsichore: 춤의 뮤즈)의 궁정에 어울리는 이'를 뽑아야 한다고 명시했다고 하지요. 너무 시적인 표현이었나요? 하지만 바로 다음 문장에서 '못생겼거나 기형인 학생을 뽑아선 안 된다'고 노골적으로 덧붙입니다. 시대가 변하며 외모 차별에 대한 감수성은 높아졌지만 발레 연습실에는 여전히 마네킹 같은 몸의 무용수들로 북적입니다. 외모가 곧 실력이다 보니 학생들은 쉬이 식습관 장애와 영양 부족, 거식증과 폭식증을 겪곤 합니다. 콩쿠르와 입시로 인한 경쟁이 치열해지면서 인격체로서의 온전함이 위협받기도 합니다. 오늘날의 교육자들은 이러한 문제를 근본적으로 성찰합니다. 영국 로열 발레 학교가 개설한 '건강한 무용수 프로그램(Healthy Dancer Programme)'처럼 학생들의 정신적인 건강까지 돌보려는 노력도 하고 있습니다. 다리를 높이 들고 많이 뛰는 것 너머 온전한 인간으로서 건강하게 춤출 수 있도록 도와주려는 것입니다.

발레 클래스에서 누가 주류이고 누구는 보이지 않는지에 대해서도 알아차려야 합니다. 발레 클래스는 발레를 둘러싼 다양한 문제가 드러나는 곳이거니와 이를 해결할 수 있는 힘도 있습니다. 발레 안의 성 차별, 인종 차별, 계급 차별은 클래스에서 적나라하게 드러나지만, 클래스를 통해 보다 다양한 주체를 평등하게 포용할 수도 있습니다.

**발레 클래스는
우리를 담아낸다**

발레 클래스는 작은 사회이기에 이곳에서 서로 다른 사람들이 관계를 맺는 방식이 중요합니다. 특히 교사와 학생은 일방적인 위계 관계로 흐르기 쉽습니다. 지난 시대 발레 클래스는 폭력과 모욕과 수치가 용인됐습니다. 예를 들어 러시아 발레의 아버지라 일컬어지는 샤를-루이 디들로의 클래스는 공포 그 자체였습니다. 어린 학생들이 조금이라도 실수하면 회초리로 때리고 주먹을 날리고 발로 차고 독수리처럼 달려들어 귀나 머리를 잡아당겼다고 합니다. 무대에서 실수하면 바로 어깨를 잡아끌고는 흔들어대거나 등을 때렸다고 하지요. 러시아 발레는 눈부시게 발전했지만 그 발전은 학생들의 눈물 위에 이룩된 것입니다. 오늘날 발레 클래스에서 신체적 학대는 많이 사라졌습니다만 집중적 훈련이 필요한 영역이라는 점에서 보편적인 인권 개념이 적용되기 힘들기도 합니다. 성취나 경쟁에 매몰되지 않고 인격적으로 공존할 수 있는 방법을 배우는 공간을 만들기 위해 노력해야 합니다.

발레 클래스는 문화적인 산물입니다. 많은 사람들이 오랫동안 시행착오를 거치면서, 조금씩 지식을 더하면서 변형하고 축적해온 것입니다. 하지만 지난날 이룬 것에서 멈춰선 안 됩니다. 바가노바가 말했듯 모든 것이 자라고 모든 것이 나아가니까요. 새로운 연구와 깊은 성찰이 실제 교육 현장에 도입돼 발레 클래스의 모습이 바뀌기까지는 시간이 걸릴 것입니다. 그럼에도 불구하고 계속 변화할 것입니다. 발레 클래스는 우리가 누구이고 무엇을 원하는지 담아내기 때문입니다.

발레 클래스 주요 마스터 계보

덴마크	
이탈리아	
프랑스	P. 보샹 (1631~1715)　L. 페쿠르 (1653~1729)　L. 뒤프레 (1697~1774)　J. G. 노베르 (1727~1810)　J. 도베르발 (1742~1806)　M. 가르델 (1741~1787)　P. 라모 (1674~1748)　G. 베스트리스 (1729~1808)
러시아	C. L. 디들로 (1767~1837)　J. B. 랑데 (1697~1748)
영국	
미국	

| | | | | **덴마크 왕립 발레 학교** |

A. 부르농빌
(1805~1879)

| | | | | **라스칼라 발레 학교** |

S. 비가노 (1769~1821)　　C. 블라시스 (1795~1878)　　G. 레프리 (1847~1881 추정)　　E. 체케티 (1850~1928)

J. A. 프티파
(1878~1855)

P. 가르델
(1758~1840)

파리 오페라 발레 학교

A. 베스트리스
(1760~1842)

C. 요한슨 (1817~1903)　　P. 게르트 (1844~1917)

M. 프티파
(1818~1910)

L. 이바노프
(1834~1901)

A. 바가노바 (1879~1951)　　V. 볼코바 (1905~1975)

바가노바 발레 학교

N. 드 발로아
(1898~2001)

RAD

T. 카사비나
(1885~1978)

G. 발란신
(1904~1983)

SAB

그림 출처 및 참고문헌

그림 출처

제1장

⟨그림 1⟩ J. P. Le Bas. Le Maître de Dance(1745). Engraving after painting by Ph. Canot. Haags Gemeente Museum, The Hague, The Netherlands.

⟨그림 2⟩ Charles-Nicolas Cochin. Bal masqué donné pour le mariage du dauphin(1745). ©RMN-Grand Palais.

⟨그림 3⟩ Pierre Rameau(1725). *Le Maître à Danser. Qui enseigne la maniere de faire tous les differens pas de danse dans toute la régularité de l'art, & de conduire les bras à chaque pas.* A Paris: Rollin fils. p.3, www.loc.gov

⟨그림 4⟩ Pierre Rameau(1725), pp.14-16, www.loc.gov

⟨그림 5⟩ Jean Béraud. La Soirée(1880). wikimedia commons.

⟨그림 6⟩ Thoinot Arbeau(1589). *Orchésographie. Et traicte en forme de dialogve, par leqvel tovtes personnes pevvent facilement apprendre & practiquer l'honneste exercice des dances.*

제2장

⟨그림 1⟩ French School. Louis XIV représenté âgé d'une dizaine d'année. ©RMN-Grand Palais (Château de Versailles)/image RMN-GP.

⟨그림 2⟩ Hyacinthe Rigau. Louis XIV of France(1701). wikimedia commons.

⟨그림 3⟩ wikimedia commons.

⟨그림 4⟩ Pierre Rameau(1725). www.loc.gov

⟨그림 5⟩ Kellom Tomlinson(1735). *The art of dancing explained by reading and figures, whereby the manner of performing the steps is made easy by a new and familiar method: being the original work, first design'd in the year 1724, and now published by Kellom Tomlinson, dancing-master ... In two books.* London: Printed for the author, M.DCC.XXXV. www.loc.gov

⟨그림 6⟩ 위의 책.

제3장

〈그림 1〉 Paul Sandby. Six guineas entrance and a guinea a lesson(1782). Print. https://digitalcollections.nypl.org

〈그림 2〉 Francesco Bartolozzi. Jason et Medée Ballet tragique(1781). https://www.britishmuseum.org

〈그림 3〉 Pierre Rameau(1725). www.loc.gov

〈그림 4〉 Carlo Blasis(1820). *Traité élémentaire, théorique et pratique de l'art de la danse*. https://obvil.sorbonne-universite.fr

〈그림 5〉 위의 책.

〈그림 6〉 https://collections.vam.ac.uk

〈그림 7〉 George Cruikshank. The Dancing Lesson(1824). The Minnich Collection The Ethel Morrison Van Derlip Fund. https://collections.artsmia.org

〈그림 8〉 Madlle Fanny Cerito (sic)... The varsovienne(1844). digitalcollections.nypl.org

〈그림 9〉 Carlo Blasis(1820). https://obvil.sorbonne-universite.fr

〈그림 10〉 Chalon and Lane. Marie Taglioni as Flora in Didelot's Zéphire et Flore(1831). Lithograph. Victoria and Albert Museum. wikimedia commons.

〈그림 11〉 Pierina Legnani as Raymonda. wikimedia commons.

제4장

〈그림 1〉 Edgar Degas. Le Foyer de la danse à l'Opéra de la rue Le Peletier(1872). wikimedia commons.

〈그림 2〉 Edgar Degas. The Dance Lesson(ca. 1879). wikimedia commons.

〈그림 3〉 Enrico Cecchetti. http://www.thececchetticonnection.com

〈그림 4〉 Jean-Baptiste Martin. Faune. Dans la fête de Bacchus, et dans le Ballet du Triomphe de Bacchus, de l'opéra de l'union de l'amour et des arts(1770-1779). https://digitalcollections.nypl.org

〈그림 5〉 Kellom Tomlinson(1735). www.loc.gov

〈그림 6〉 Mlle. Camargo, règne de Louis XV, d'après Lancret 1730(1862). Impe. Fosset. https://nypl.getarchive.net

〈그림 7〉 Isaac Cruikshank. A peep at the Parisot! with Q in the corner!(1796). lithographic print. https://www.metmuseum.org

〈그림 8〉 Carlo Blasis(1820). https://obvil.sorbonne-universite.fr

제5장

〈그림 1〉 wikimedia commons.

〈그림 2〉 wikimedia commons.

〈그림 3〉 Pierre Rameau(1725), www.loc.gov.

〈그림 4〉 wikimedia commons.

〈그림 5〉 Jean Georges Noverre(176). *Lettres sur la danse, et sur les ballets*. A Stutgard : et se vend a Lyon, chez A. Delaroche, M.DCC.LX. www.loc.gov.

〈그림 6〉 Carlo Blasis(1820). https://obvil.sorbonne-universite.fr

〈그림 7〉 wikimedia commons; https://petipasociety.com

〈그림 8〉 김행옥 여사 제공.

〈그림 9〉 유니버설발레단 제공.

〈그림 10〉 wikimedia commons.

〈그림 11〉 ©Costin Radu

〈그림 12〉 wikimedia commons.

〈그림 13〉 Enrico Cecchetti(1894). *Manuel des exercices de danse théâtrale: : à pratiquer chaque jour de la semaine à l'usage de mes élèves*. https://digitalcollections.nypl.org/

〈그림 14〉 Vaganova Agrippina(1934; 1969). Basic Principles of Classical Ballet: Russian Ballet Technique. New York: Dover Publications, Inc.

〈그림 15〉 wikimedia commons.

〈그림 16〉 The Elementary Operatic Syllabus. Dancing Times. December 1920, p.187, ©RAD

〈그림 17〉 ©RAD, 1952.

〈그림 18〉 wikimedia commons.

주요 참고문헌 목록

이덕희(1989). 《불멸의무용가들》. 서울 : 文藝出版社.

장광열, 편(2005). 《하늘높이 춤추며》. 한길문화출판.

존 로크(1693; 2011). 《교육론: 귀한 자식 이렇게 가르쳐라》. 박혜원 번역. 서울: 비봉.

Arbeau, Thoinot(1589; 1967). *Orchesography*. Trans. Mary Stewart Evans. New York: Dover Publications, Inc.

Aschengreen, Erik et al.(2006). The Bournonville Schools: A New Look, *Dance Chronicle*, 29(3), Bournonville Dead or Alive: Bournonville Past, Present, and Future. Proceedings of the Royal Danish Ballet's 2006 Bournonville Symposium(2006), pp. 383-395.

Astier, Régine(1984). François Marcel and the Art of Teaching Dance in the Eighteenth Century. *Dance Research: The Journal of the Society for Dance Research,* 2(2), pp.11-23.

Astier, Régine(1984). Letters: Pierre Beauchamps and the Ballets de College. *Dance Chronicle,* 7(1), pp. 115-115.

Barringer, Janice and Sarah Schlesinger(2004). *The Pointe Book: shoes, training & technique*. Hightstown, N.J.: Princeton Book Co.

Beaumont, Cyril W., Stanislas Idzikowski(1932; 2003). *The Cecchetti Method of Classical Ballet: Theory and Technique*. New York: Dover Publications, Inc.

Blasis, Carlo(1820). *Traité élémentaire théorique et pratique de l'art de la danse*, Milan: Chez Beati et A. Tenenti.

Blasis, Carlo(1828). *The Code of Terpsichore*. Trans. R. Barton. London: James Bulcock.

Brandstettter, Gabriele(2005). The Code of Terpsichore The Dance Theory of Carlo Blasis: Mechanics as the Matrix of Grace. *Topoi*, 24(1), pp. 67-79.

Bruhn, Erik and Lillian Moore(1961; 2005). *Bournonville and ballet technique: studies and comments on August Bournonville's Études chorégraphiques*. Alton: Dance Books.

Caroso, Fabritio(1600; 1995). *Courtly Dance of the Renaissance*. Trans. and Ed. Julia Sutton. New York: Dover Publications, Inc.

Chapman, John V.(1987). Auguste Vestris and the Expansion of Technique. *Dance Research Journal*, 19(1), Summer, pp. 11-18.

Chapman, John V.(1989). The Paris Opéra Ballet School, 1798-1827. *Dance Chronicle*, 12(2), pp. 196-220.

Cohen, Sarah R.(2000). *Art, Dance, and the Body in French Culture of the Ancient Régime*. Cambridge: Cambridge University Press.

Foster, Susan Leigh(1996). *Choreography & Narrative: Ballet's Staging of Story and Desire*. Bloomington: Indiana University Press.

Garafola, Lynn, ed.(1997). *Rethinking the Sylph: New Perspectives on the Romantic Ballet*. University Press of New England.

Guest, Ivor(2001). *Ballet under Napoleon*. London: Dance Books.

Hammond, Sandra Noll(1984). Clues to Ballet's Technical History from the Early Nineteenth-Century Ballet Lesson. *Dance Research: The Journal of the Society for Dance Research*, 3(1), Autumn, pp. 53-66.

Hammond, Sandra Noll(1987-1988). Searching for the Sylph: Documentation of Early Developments in Pointe Techninque. *Dance Research Journal*, 19(2), Winter, pp. 27-31.

Hammond, Sandra Noll(1995). Ballet's Technical Heritage: The Grammaire of Léopold Adice. *Dance Research: The Journal of the Society for Dance Research*, 13(1), Ivor Guest 75th Birthday Celebration Issue, Summer, pp. 33-58.

Hammond, Sandra Noll(2006). The French Style and the Period. *Dance Chronicle*, 29(3), Wanted: Bournonville Dead or Alive: Bournonville Past, Present, and Future. Proceedings of the Royal Danish Ballet's 2006 Bournonville Symposium, pp. 302-316.

Hilton, Wendy(1981). *Dance of Court and Theatre, 1690-1725*. Princeton, N. J.: Princeton Book Company.

Kant, Marion, ed.(2007). *The Cambridge Companion to Ballet*. Cambridge, U.K.: Cambridge University Press.

Minden, Eliza Gaynor(2005). *The Ballet Companion: a dancer's guide to the technique, traditions, and joys of ballet*. New York : Simon & Schuster.

Needham, Maureen(1997). Louis XIV and the Académie Royale de Danse. 1661: A Commentary and Translation. *Dance Chronicle*, 20(2), pp. 173-190.

Parker, Derek(1995). *Royal Academy of Dancing: The First Seventy Five Years*. London: Battley Brothers Limited.

Paskevska, Anna(2005). *Ballet beyond tradition*. New York: Routledge.

Powell, John S.(1995). Pierre Beauchamps, Choreographer to Molière's Troupe du Roy. *Music & Letters*, 76(2), May, pp. 168-186.

Racster, Olga(1923; 2013). *The master of the Russian ballet: the memoirs of Cav. Enrico Cecchetti*. Hampshire, England: Noverre Press.

Rameau, Pierre(1725; 1748). *Le Maître à Danser. Qui enseigne la maniere de faire tous les differens pas de danse dans toute la régularité de l'art, & de conduire les bras à chaque pas*. A Paris: Rollin fils.

Rizzo, Laura Katz(2012). Vaganova's Vision and the Development of Neoclassical Russian Ballet Technique [Review of Vaganova Today: The Preservation of Pedagogical Tradition, by C. E. Pawlick]. *Dance Chronicle*, 35(3), pp. 408-413.

Schorer, Suki(2006). *Suki Schorer on Balanchine technique*. Gainsville, Fla. : University Press of Florida.

Terry, Walter(1979). *The King's Ballet Master: A Biography of Denmark's August Bournonville*. New York: Dodd, Mead, & Company.

Thorp, Jennifer(2011). "Borrowed Grandeur and Affected Grace": Perceptions of the Dancing-Master in Early Eighteenth-Century England. *Music in Art*, 36(1/2), pp. 9-27.

Tomlinson, Kellom(1735). *The art of dancing explained by reading and figures, whereby the manner of performing the steps is made easy by a new and familiar method: being the original work, first design'd in the year 1724, and now published by Kellom Tomlinson, dancing-master... In two books*. London: Printed for the author, M.DCC.XXXV.

Vaganova, Agrippina(1934; 1969). *Basic Principles of Classical Ballet: Russian Ballet Technique*. New York: Dover Publications, Inc.

Sarah Hixon. The Social Etiquette and Politics of Dance. https://www.sarahhixon.com/the-social-etiquette--politics-of-dance

진화하는 발레 클래스
매너가 발레를 만든다

초판 1쇄 발행 2022년 4월 22일

지은이	펴낸이	주소
정옥희	윤지영	06232 서울시 강남구 강남대로 382 18층

삽화	편집	이메일
임이랑	윤지영	flworx@gmail.com

디자인	교정	홈페이지
로컬앤드	김승규	floorworx.net

	펴낸곳	인스타그램
	플로어웍스	@floorworx_publishing

	출판등록	페이스북 페이지
	2019년 1월 14일	@Flworx

ⓒ정옥희, 2022

ISBN
979-11-978533-5-7 03680

※이 책은 저작권법에 따라 보호받는 저작물이므로 저작권자와 출판사의 허락 없이 이 책의 내용을 복제하거나 다른 용도로 쓸 수 없습니다.
※책값은 뒤표지에 있습니다. 잘못된 책은 구입한 곳에서 교환해 드립니다.